# MANUAL PARA CANTORES

SEGUNDA EDICIÓN

Jennifer Kerr Budziak

Christopher J. Ferraro

Corinna Laughlin

Paul Turner

*Nihil Obstat*
Rev. Sr. Daniel G. Welter, JD
Canciller
Arquidiócesis de Chicago
27 de octubre de 2020

*Imprimatur*
Obispo Auxiliar Robert G. Casey
Vicario General
Arquidiócesis de Chicago
27 de octubre de 2020

*Nihil Obstat* e *Imprimatur* son declaraciones canónicas de la Iglesia, de que el libro está libre de errores doctrinales y morales. Quienes las extienden no signan el contenido, opiniones o expresiones vertidas en la obra, ni asumen responsabilidad legal alguna asociada con la publicación.



Las secciones de recursos y el glosario fueron preparadas por Dennis C. Smolarski, SJ, y Joseph DeGrocco, y adaptadas por el editor.



Este libro pertenece a la Serie el ministerio litúrgico™.

Edición: Ricardo López; cuidado de la edición: Víctor R. Pérez; diseño: Anna Manhart;
diagramado: Juan Alberto Castillo.

25 24 23 22 21    1 2 3 4 5

Impreso en los Estados Unidos de América

Número de control en la Biblioteca del Congreso: 2021941990

ISBN: 978-1-61671-587-8

SLCAN2

# *Contenido*

# Prefacio

Después de cantar los salmos, partieron para el monte de los Olivos.

—Mateo 26:30

Uno de los discípulos de Jesús, o quizá más de uno, era cantor. No sabemos quién era este discípulo; los evangelios no lo dicen. Pero cuando los discípulos rezaban juntos, alguien tenía que dirigir el canto. La mayor parte de los días, dicha función debe haber constituido una enorme alegría. ¿Quién no querría dirigir un himno y cantarlo junto a Jesús?

Pero los discípulos también tenían que cantar en días que no tenían muchas ganas de cantar. Algunos días Jesús predicaría sin que nadie le hiciera caso. Otros días los discípulos estarían cansados de lidiar con las multitudes que buscaban curas. Y otros días Jesús entraba en controversia con los líderes religiosos. O corregía a sus seguidores. O maldecía una higuera.

Los discípulos no siempre estaban de humor para cantar.

Probablemente contaban con un repertorio musical que los otros fieles judíos de su época y lugar conocían muy bien. El libro de los Salmos era su cantoral principal. Conocían esa música como las personas hoy conocen el himno nacional, la canción de cumpleaños y los villancicos navideños. Todos podían unirse al canto. Pero necesitaban a alguien que lo entonara. Necesitaban un cantor.

El evangelio hace una referencia explícita al canto de los discípulos, en la Última Cena.

Un año, el primer día de la fiesta de los Ázimos, los discípulos le preguntaron a Jesús: "¿Dónde quieres que preparemos la cena de Pascua?".[1] Tal vez le hacían esa pregunta cada año, pero probablemente no se daban cuenta de que éste iba a ser el último año, la última semana, el último día y la hora final.

Jesús los envió a Jerusalén a la casa de un hombre en particular con este mensaje: "Mi hora se acerca y quiero celebrar la Pascua con mis discípulos en tu casa".[2]

¿Comprenderían acaso los discípulos qué significaba esta cena? ¿O simplemente intentaban organizar la comida?

La cena pascual judía es una hermosa celebración, llena de fe y de oración. Pero esta vez comenzó con muy malos presagios. Jesús miró a los demás

1. Mateo 26:17.
2. Mateo 26:18.

comensales y los inquietó con este anuncio: "En verdad les digo: uno de ustedes me va a traicionar".[3]

Ésta no iba a ser una cena común. Uno por uno los discípulos le preguntaron: "¿Seré yo, Señor?".[4] Y todos se lo preguntaron a sí mismos. Pedro se lo preguntó. Los hijos de Zebedeo se lo preguntaron. El discípulo a quien Jesús amaba se lo preguntó. El cantor se lo preguntó. Judas preguntó: "¿Seré yo acaso, Maestro?".[5] Jesús le respondió: "Tú lo has dicho".[6] La cena se iba volviendo aún más misteriosa. Jesús partió el pan y lo dio a sus discípulos diciendo: " 'Tomen y coman; esto es mi cuerpo'. Después tomó una copa, dio gracias y se la pasó diciendo: 'Beban todos de ella: esto es mi sangre, sangre de la Alianza' ".[7]

¿Comprendieron esto los discípulos? ¿Se daban cuenta de que esa era la víspera del día en que Jesús iba a morir?

El cantor, lleno de preguntas, de angustia y sobrecogimiento, comió y bebió el Cuerpo y la Sangre del Señor por vez primera. Los discípulos no sabían qué decir. Tenían preguntas que no se atrevían a formular. Quizás no estaban en humor de cantar. O tal vez sentían la necesidad de cantar. Nunca nadie había estado en esta situación. Así que el cantor hizo lo que hacen los cantores: el cantor entonó el himno. Y todos se unieron al canto. "Después de cantar los salmos, partieron para el monte de los Olivos".[8]

—Paul Turner

3. Mateo 26:21.
4. Mateo 26:22.
5. Mateo 26:25.
6. Mateo 26:25.
7. Mateo 26:26–27.
8. Mateo 26:30.

# Cómo usar este libro

Tiene este libro entre sus manos porque usted está pensando en convertirse en un cantor, un director del canto o un salmista en su parroquia. O tal vez ya sirva usted de esta manera y esté buscando ponerse al día. Este libro lo ayudará a reflexionar sobre su ministerio como cantor. No le enseñará nuevas canciones. No lo ayudará a leer música. Son importantes estas habilidades musicales, pero este libro trata sobre su ministerio.

En estas páginas usted aprenderá sobre la importancia de la música litúrgica, cómo sirve la oración del pueblo de Dios y cómo se desarrolló el ministerio de cantor. Usted podrá contestar sus preguntas sobre muchos asuntos prácticos en la ejecución de su ministerio. Sobre todo, lo ayudará a formarse como una persona de fe que guiará a otros en el propósito de la canción litúrgica: alabar a Dios.

## Los autores

**Jennifer Kerr Budziak** es directora, autora, mesosoprano y compositora de música del área de Chicago, y ofrece clínicas en el área de formación musical, ritual y teología, y técnicas corales en talleres en todo el país. La Dra. Breedlove posee títulos en dirección coral de las Universidades de Northwestern y de Indiana. Su libro galardonado por la ACS, *Sowing Seeds, Bearing Fruit: A Process for Growing an Engaged and Singing Assembly* [Sembrar y dar fruto: Cómo desarrollar una asamblea comprometida y que canta] se publicó en 2012. Es coautora de *Manual para cantores* y *Manual para ministros de música* de Liturgy Training Publications; también ha escrito *Sight-Sing a New Song* [Suspirar un canto nuevo] (2005), guía básica para aprender a cantar por nota, entre otras obras sobre liturgia y música. Sus composiciones para coros de adultos y niños se encuentran en los catálogos de GIA Publications, World Library Publicaciones y OCP. Ha servido en el Consejo de la Asociación Nacional de Músicos Pastorales (NPM) y es presentadora frecuente en conferencias regionales y nacionales de la organización. La Dra. Breedlove ha trabajado en las facultades del North Central College, la Universidad Concordia, la Universidad St. Xavier y la Unión Teológica Católica.

**Christopher J. Ferraro** es director musical en la Iglesia de Nuestra Señora del Perpetuo Socorro, Lindenhurst, Nueva York. También dirige el Instituto de Música Litúrgica en el Seminario de la Inmaculada Concepción, Huntington, Nueva York, y es miembro de la comisión litúrgica diocesana del Centro de la Diócesis de Rockville. Es miembro de la junta directiva de la

Federación de Comisiones Litúrgicas Diocesanas y del Consejo de NPM. Chris posee maestrías en Teología y Estudios Pastorales, así como un certificado avanzado en Liturgia Pastoral del Seminario de la Inmaculada Concepción, Huntington, Nueva York, y está certificado como director de culto a través de la Alianza para la Certificación para ministros eclesiales laicos.

**Corinna Laughlin** es asistente pastoral de liturgia en la catedral de St. James en Seattle, Washington, y consultora de liturgia para la Arquidiócesis de Seattle. Ha escrito extensamente sobre la liturgia para Liturgy Training Publications, y ha contribuido a *Pastoral Liturgy®*, *Ministry and Liturgy*, y otras publicaciones. Tiene un doctorado en Inglés de la Universidad de Washington.

**Paul Turner** es el párroco de la Catedral de la Inmaculada Concepción de Kansas City, Missouri, y el director de la Oficina del Culto Divino para la Diócesis de Kansas City-San José. Su doctorado en Teología es de Sant'Anselmo de Roma, y es autor de muchos recursos pastorales y teológicos. Se desempeña como facilitador de la Comisión Internacional de Lengua inglesa en la Liturgia (ICEL).

## Preguntas para conversar y reflexionar

1. ¿Por qué ha aceptado usted servir como cantor?
2. ¿Qué espera usted obtener como resultado de comprender la teología y función del ministerio por medio de este libro?

Capítulo uno

# Su ministerio y la liturgia

La liturgia es fuente y culmen de la vida cristiana.

—*Lumen gentium*, 11

Usted sirve a su comunidad de fe como cantor. Dios le ha concedido una voz y se la ofrece como instrumento de alabanza. Con ella, usted expresa su propia fe y ayuda a los demás fieles a orar en momentos de angustia y también de alegría. Usted presta su voz al canto de la Iglesia.

Su ministerio es una parte vital del culto de la Iglesia. Contribuirá a que la oración litúrgica fluya, y añadirá belleza y arte a la forma de orar de la asamblea. Va a dar vida a las palabras que expresan nuestra fe y a sumergir a quienes las cantan en el misterio insondable de Dios. Usted tiene el don de cantar, desea guiar a los demás, ama al pueblo de Dios, y tiene el corazón inflamado por alabar al Creador. Usted sirve en este ministerio porque a usted le interesa que la liturgia sea una expresión bella y ferviente de fe.

## ¿Qué es la liturgia?

En los diccionarios, de una forma u otra, podrá leer que la liturgia es una serie de ritos empleados en el culto público. Y eso es verdad. Pero en la liturgia, hay mucho más que eso. La palabra *liturgia* viene de una palabra griega que significa "obra pública" u "obra del pueblo". Esto nos ayuda más, pues la liturgia es un trabajo muy especial en el que lo divino y lo humano se unen. Nosotros hacemos algo y, lo que es más importante, Dios hace algo. La liturgia no es una cosa; La liturgia es un *evento*. Por eso preguntamos: ¿Qué *hace* la liturgia?

**La liturgia nos congrega en la presencia de Dios.** Al hablar de la Eucaristía, ya la *Didajé* del siglo II enfatiza el reunirse: "Como este pan fue repartido sobre los montes, y, recogido, se hizo uno, así sea recogida tu Iglesia desde los límites de la tierra en tu reino".[1] Aquí el pan eucarístico, formado con muchos granos de trigo, es imagen de lo que debemos ser: individuos dispares que se vuelven algo nuevo: una asamblea que rinde culto. En la Biblia, la reunión del pueblo de Dios es una señal de la irrupción del Reino de Dios. Considere la visión de Isaías del gran banquete en la cima de una montaña.[2]

**En ella [la liturgia], los signos sensibles significan y, cada uno a su manera, realizan la santificación.**

—*Sacrosanctum concilium*, 7

1. *Didaché: Doctrina de los Doce apóstoles*, 9, https://mercaba.org/TESORO/didaje.htm#_Toc74525508 (acceso de 4-15-20).
2. Ver Isaías 25:6–9.

Congregarse para la liturgia es un signo del Reino de Dios aquí y ahora.

Piense en Jesús alimentando a las multitudes[3] o en los discípulos reunidos en oración en la estancia superior en el primer Pentecostés.[4] Cuando Dios congrega a su pueblo, algo sucede. Lo mismo es cierto de la liturgia. Antes de que se pronuncie una palabra o se cante una nota, la liturgia ya es un signo del Reino de Dios porque nos une.

**La liturgia ayuda a conformarnos en comunidad**. El acto de congregarnos a la mesa, de compartir la Palabra de Dios, de ser una sola voz que ora, canta y dialoga, tiene un impacto en nosotros. Mediante esta acción compartida en la liturgia aprendemos a reconocernos unos con otros como una familia de creyentes, el Cuerpo místico de Cristo, y a unirnos en nuestras acciones también fuera de la iglesia. Nos unimos a la liturgia porque somos comunidad, pero lo contrario también es cierto: sin la liturgia, no somos comunidad.

**La liturgia es ordinaria y cósmica**. La liturgia toma las cosas más cotidianas: nuestro cuerpo y voz, luz y oscuridad, agua y fuego; pan, vino y aceite, hasta el tiempo, y, por la acción del Espíritu Santo, transforma todo esto en la presencia de Dios mismo. La liturgia nos enseña a ver que todo el universo está marcado con la presencia de Cristo. Las "semillas" de Dios están por todas partes. La materia de nuestra santidad no es lejana, remota ni arcana. Lo ordinario es santo.

3. Ver Mateo 14:13–21, Marcos 6:30–44, Lucas 9:10–17 y Juan 6:1–15.
4. Ver Hechos de los Apóstoles 2:1–11.

**La liturgia cristiana trata siempre del misterio pascual**. En el corazón de toda oración cristiana está el misterio pascual, es decir, la vida, la muerte y la resurrección de Cristo. Sea nuestra oración la misa, la Liturgia de las Horas, el día de un santo, un sacramento; ya sea el tiempo de Adviento o Navidad, la Cuaresma, el Triduo o el tiempo de Pascua, la liturgia siempre trata del misterio pascual. ¿Por qué es tan importante el misterio pascual? Porque, en palabras de san Pablo, "Y si Cristo no ha resucitado, la fe de ustedes es ilusoria, y sus pecados no han sido perdonados".[5] El misterio pascual es el gozne de la historia humana; es el dinamismo que da sentido a nuestra vida y anima nuestro culto. Nos reunimos para realizar la liturgia que nos sumerge, una y otra vez, en el misterio pascual de Cristo.

**En la liturgia, nos encontramos con Cristo**. Cristo siempre está junto a los que creen: Jesús dijo: "Si alguien me ama cumplirá mi palabra, mi Padre lo amará, vendremos a él y habitaremos en él".[6] Pero, en la celebración de la Eucaristía, Cristo está presente de una manera especial. De hecho, la Iglesia subraya *cuatro* presencias de Cristo en la misa. Cristo está presente en la comunidad reunida para la oración; Cristo viene a nosotros en el otro. En la misa, Cristo está presente en el sacerdote, que actúa *in persona Christi*, en la persona de Cristo. Cristo está presente en la palabra proclamada: "Cuando se leen en la Iglesia las Sagradas Escrituras, Dios mismo habla a su pueblo, y Cristo, presente en su palabra, anuncia el Evangelio".[7] Y de una manera singular, Cristo está presente en el pan y el vino consagrados, su Cuerpo y Sangre verdaderos. Mediante nuestra participación en este misterio, nos encontramos con Cristo de muchas maneras para convertimos en lo que recibimos: el Cuerpo de Cristo.

**La liturgia es el culto de la Iglesia**. La liturgia tiene su propia forma. Por ser la oración oficial de la Iglesia universal, se rige por normas universales. La mayoría de los textos que escuchamos en la misa, con algunas excepciones significativas como la homilía y la oración universal, están escritos y son los mismos en todo el mundo. No sólo las palabras sino la mayoría de las posturas litúrgicas son las mismas en todas partes: de pie, sentado y de rodillas. Los libros litúrgicos incluyen muchas rúbricas (de la palabra latina para "rojo", porque estas instrucciones suelen imprimirse en tinta roja), que instruyen sobre cómo y dónde ocurre cada parte de la liturgia. Todo esto debería recordarnos que la liturgia no pertenece a ninguna persona, sacerdote o parroquia. La liturgia es la oración de la Iglesia entera, a la vez que es *nuestra* oración. En palabras del Concilio Vaticano II, la liturgia "contribuye en sumo grado a que los fieles expresen en su vida, y manifiesten a los demás, el misterio de Cristo y la

5. 1 Corintios 15:17.
6. Juan 14:23.
7. *Instrucción general del Misal Romano* IGMR, 29.

naturaleza auténtica de la verdadera Iglesia.[8] La liturgia es nuestro medio de expresión con Cristo y en Cristo. En otras palabras, la liturgia es el idioma que hablamos todos los católicos.

**La liturgia es muy variada.** La liturgia, aunque se rige cuidadosamente por los libros litúrgicos, nunca es monótona; cambia constantemente, con diferentes lecturas para cada día del año y diferentes oraciones para la mayoría de los días. A lo largo del año litúrgico, la Iglesia nos invita a meditar sobre diferentes aspectos del misterio de Cristo, desde su concepción hasta su segunda venida. ¡La liturgia es multicolor!

**La principal manifestación de la Iglesia se realiza en la participación plena y activa de todo el pueblo santo de Dios en las mismas celebraciones litúrgicas, particularmente en la misma Eucaristía.**

—*Sacrosanctum concilium*, 41

La más importante de las liturgias de la Iglesia es la Eucaristía, aunque no es nuestra única liturgia. Las liturgias de la Iglesia también incluyen ritos como los del *Rito de la iniciación cristiana de adultos* y el *Ritual de exequias cristianas*; también contienen celebraciones de los otros sacramentos, desde el bautismo, la confirmación y la eucaristía hasta la unción de los enfermos, la penitencia, el matrimonio y el orden sacerdotal. Agreguemos que la Liturgia de las Horas, recitada diariamente por diáconos, sacerdotes, obispos, religiosos y muchos laicos, es parte de la liturgia de la Iglesia que santifica las horas de cada día por medio de la oración.

**La liturgia se distingue de las devociones.** En la Iglesia encontramos una rica y maravillosa variedad de oraciones devocionales, como novenas, coronillas, el Rosario y el Vía Crucis, que enriquecen nuestra oración y facilitan acercarnos a Cristo y a su Madre Santísima. El Rosario, por ejemplo, tiene un lugar especial en la vida de la Iglesia, ya que, en palabras de san Juan Pablo II, sirve como una excelente introducción y un eco fiel de la Liturgia, pues ayuda a que las personas la vivan con plena participación interior, y puedan cosechar sus frutos en la vida diaria.[9] Estas devociones nos enriquecen la vida espiritual, pero nunca deben reemplazar nuestra participación en la liturgia.

A la liturgia pertenecen los ritos oficiales de la oración de la Iglesia, tales como los de la iniciación.

**La liturgia refleja y da forma a nuestra fe.** Un erudito medieval expresó esto en una frase que se ha hecho famosa:

8. Ver SC, 2.

9. Ver *Rosarium Virginis Mariae*, 4.

*lex orandi, lex credendi*, que puede traducirse libremente como "la ley de orar da forma a la ley del creer". En otras palabras, la forma en que oramos informa nuestra teología. Si usted observa las notas a pie de página en los documentos del Concilio Vaticano II y en el *Catecismo de la Iglesia Católica*, notará que las fuentes citadas para las enseñanzas clave no sólo incluyen la Biblia y las enseñanzas de los papas y los concilios, sino oraciones de la misa. La liturgia es una escuela de oración y una escuela de fe, que nos enseña a creer con la Iglesia.

El dicho medieval a menudo se alarga a *lex orandi, lex credendi, lex vivendi*: "ley de vivir". La forma en que oramos da forma a lo que creemos, y a la forma en que vivimos. El culto auténtico y la fe desembocan en el discipulado. Si no lo hace, significa que el poder transformador de la liturgia no nos está llegando realmente. Como ha escrito el papa Benedicto XVI: "Una Eucaristía que no comporte un ejercicio práctico del amor es fragmentaria en sí misma".[10]

Participar en la liturgia nos transforma para ser discípulos de Cristo en el mundo.

**La liturgia realmente importa**. En *Sacrosanctum concilium*, el Concilio Vaticano II estipula que "la liturgia es la cumbre hacia la cual tiende la actividad de la Iglesia y, al mismo tiempo, es la fuente de donde mana toda su fuerza".[11] La liturgia es fuente y cumbre, culmen y punto de partida. Toda la predicación y evangelización de la Iglesia tiene por objeto atraer a las personas a Cristo en la celebración de la Eucaristía. Al mismo tiempo, sin embargo, la Eucaristía no es un lugar estacionario. La liturgia es la fuente de la cual sacamos fuerzas para realizar la obra de Cristo en el mundo. La liturgia nos reúne, y la liturgia nos envía. Y si la liturgia no hace eso, hay un problema. "No podemos hacernos ilusiones: por el amor mutuo y, en particular, por la atención a los necesitados se nos reconocerá como verdaderos discípulos de Cristo... En base a este criterio se comprobará la autenticidad de nuestras celebraciones eucarísticas".[12]

## La oportunidad y el privilegio de servir

Los ministros litúrgicos tienen la maravillosa oportunidad y privilegio de ayudar a otros a participar en esta realidad transformadora que llamamos la liturgia de la Iglesia. Ya sea que proclamemos una lectura de las Escrituras, recojamos el dinero de la colecta, distribuyamos la Sagrada Comunión, llevemos una vela o preparemos el ambiente litúrgico, nuestro objetivo es el mismo: ayudar a otros a encontrar en la liturgia lo que nosotros encontramos: la

10. *Deus caritas est*, 14.
11. SC, 10.
12. *Mane nobiscum Domine*, 28.

comunidad viva de creyentes, una escuela de santidad, un lugar de encuentro con Cristo. De la misa, nunca salimos igual, porque la liturgia está destinada a cambiarnos. No debe extrañarnos entonces que la Iglesia enfatice nuestra participación en la liturgia. Si participamos plena, consciente y activamente en la liturgia, no podemos sino transformarnos y hacer nuestra parte para transformar el mundo que nos rodea. Por ser ministros litúrgicos, estamos llamados a hacer exactamente eso y ayudar a otros a hacer lo mismo.

## Preguntas para conversar y reflexionar

1. ¿En qué se diferencia orar con una comunidad de orar solo? ¿Por qué cree usted que Jesús nos llama a orar de ambas maneras?
2. ¿En qué liturgias de la Iglesia participa usted regularmente?
3. ¿Dónde y cuándo se siente usted más cerca de Cristo?
4. Piense en las formas en que Cristo está presente en la liturgia y en el mundo. Considere un momento en que haya sentido la presencia de Cristo en estos lugares.
5. ¿Nota usted que participar en la liturgia impacta su vida?

Capítulo dos

# El significado y la historia de su ministerio

Cantar es propio del enamorado.

—San Agustín

"Cantar es propio del enamorado". Esta breve frase, llena de sabiduría, que proviene de uno de los sermones de san Agustín, aparece en la *Institución general del Misal Romano* (IGMR) como una de las razones por las que tenemos música litúrgica.[1] Si usted escucha música en cualquier estación de radio es casi seguro que oirá palabras de amor. El amor es el tema central de las letras de casi todas las canciones. Es un tema que aparece una y otra vez, porque a los oyentes les gusta escuchar sobre el amor, pero también porque los compositores y cantantes tienen experiencia de él. Sus corazones se han conmovido con el amor eterno, se han sorprendido con el amor caritativo, se han visto heridos con el amor rechazado, se han atrofiado con el amor no correspondido y se han paralizado con el amor no expresado. Estas emociones son tan fuertes que los escritores y los cantantes se ven forzados hacer algo al respecto. Las palabras por sí solas no pueden expresar los sentimientos más profundos. Tienen que expresarlos con música. Muchas parejas eligen una canción que se convierte en *su* canción. Si has sentido las emociones que se expresan en una canción, probablemente te unas al cantante cuando la escuches en la radio o tararees la melodía en el auto. "El que ama, canta".

Los cristianos estamos enamorados de Dios. Dios es el centro de nuestra vida. La Primera carta de san Juan proclama que "Dios es amor".[2] Cuanto más profundamente valoramos la santidad de Dios, la intimidad con Dios y el amor de Dios, tanto más necesitamos expresar cómo nos sentimos. Las palabras por sí solas no bastan, necesitamos música.

Los seres humanos estamos hechos para la música. El corazón late a un ritmo. Nuestras voces se modulan para decir lo que pensamos. En la iglesia hacemos las cosas comunes y corrientes para las que estamos hechos. Nos saludamos, hablamos, escuchamos, comemos y bebemos. Y también cantamos.

Pero estas actividades comunes y corrientes adquieren una dimensión extraordinaria. Nos saludamos reconociéndonos Cuerpo de Cristo. Proclamamos palabras de aclamación y bendición. Escuchamos la Palabra de Dios. Comemos

1. IGMR, 39.
2. 1 Juan 4:8.

el pan de vida. Bebemos del cáliz de la salvación. Y cantamos música que eleva nuestros pensamientos al trono del cielo.

Aunque estemos confinados a la tierra, participamos de la vida divina. Ya desde ahora sentimos a Dios entre nosotros, aun mientras esperamos sentir a Dios de manera perfecta al final de los tiempos. El Nuevo Testamento expresa cómo vivimos en esperanza, y a la vez sentimos a Cristo ahora. La Carta a los Colosenses, lo dice con elocuencia:

"[Que] la palabra de Cristo habite en ustedes con toda su riqueza; instrúyanse y anímense unos a otros con toda sabiduría. Con corazón agradecido canten a Dios salmos, himnos y cantos inspirados. Todo lo que hagan o digan, háganlo invocando al Señor Jesús, dando gracias a Dios Padre por medio de él".[3]

Cristo habita en nosotros con toda su riqueza y nosotros damos gracias cantando. El canto no es cosa opcional en nuestra liturgia.

La misa es un rito antiquísimo que continúa ofreciéndose por los labios y corazones de cada generación de los católicos que viven en distintos climas y culturas. La música que cantamos expresa tanto el pasado como el presente. Los que la cantan proclaman una fe que ha sido revelada en una época remota, pero lo hacen con cantos que expresan su fe en un mundo que siempre está cambiando.

**Téngase, por consiguiente, en gran estima el uso del canto en la celebración de la Misa, siempre teniendo en cuenta el carácter de cada pueblo y las posibilidades de cada asamblea litúrgica.**

*—Institución general del Misal Romano*, 40

La misa por lo tanto admite diversos estilos de música. "El canto gregoriano [tiene] el lugar principal"[4] debido a su larga conexión histórica con la liturgia romana. Pero se pueden usar otros géneros musicales "con tal que correspondan al espíritu de la acción litúrgica y fomenten la participación de todos los fieles".[5] Nacen nuevos estilos musicales y muchos de ellos resultan muy útiles para alabar a Dios en comunidad.

Hay música que se canta en comunidad, otra es para un solista o para un coro bien entrenado. En algunos casos el cantor entona el versículo o las estrofas y la asamblea repite un estribillo. En otras oportunidades, el cantor alterna con la comunidad, de modo que todos cantan un poco y escuchan un poco la Palabra de Dios entonada.

Algunas piezas musicales acompañan ciertas acciones rituales, mientras que otras forman parte integral del rito mismo. Por ejemplo, varias procesiones se hacen acompañadas del canto: la procesión de ingreso se anda mientras la asamblea entona el canto de entrada. Para proclamar el evangelio, los ministros se dirigen hacia el ambón mientras la asamblea canta la aclamación. El pan, el vino y las ofrendas para la iglesia y los pobres suelen ser llevados al

3. Colosenses 3:16–17.
4. IGMR, 41.
5. IGMR, 41, que refiere a pie de página a SC, 116 y 30.

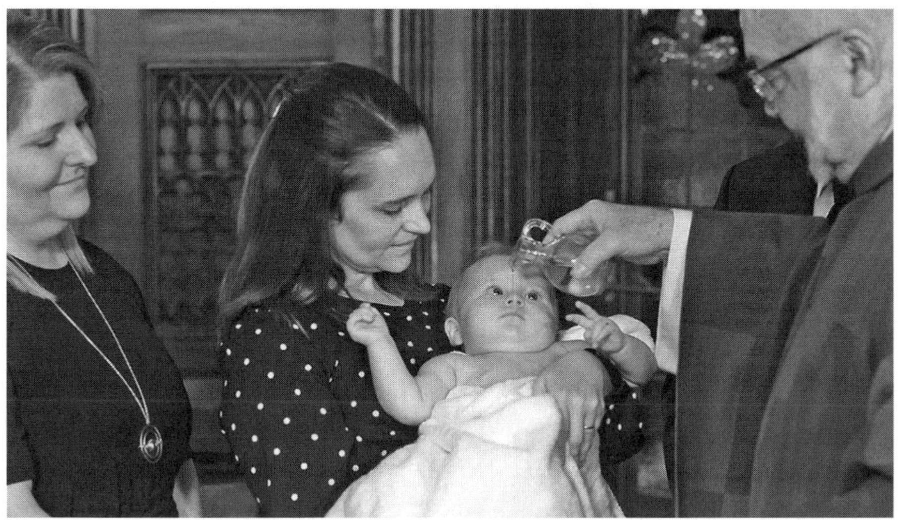

En el bautismo se nos unge profetas, sacerdotes y reyes.

altar en medio de música o un canto. Los que van a comulgar van hacia el altar mientras la asamblea expresa su gozo por el sacramento del Cuerpo y de la Sangre del Señor con un canto.

En otros momentos, sin embargo, no se realiza ninguna acción mientras se ejecuta la música. Al canto del Gloria, el Salmo responsorial y los diálogos y aclamaciones durante la Plegaria eucarística, no se hace más que cantar. Son piezas que tienen su lugar propio entre las partes de la misa. No acompañan ninguna otra acción, sino que exigen toda la atención de los fieles.

La música, entonces, se relaciona con la liturgia de diversas maneras. Es el pulso que mueve el ritmo de la misa; el hilo que une las partes. Crea climas que suscitan la oración, la alabanza, la tristeza y el asombro. Nos acerca al misterio de la belleza de Dios.

## El cantor, un servidor bautizado

El bautismo es la base de todo servicio o ministerio en la Iglesia. Antes que ministro extraordinario, usted es miembro bautizado del Cuerpo de Cristo, con todas las bendiciones y deberes correspondientes.

El bautismo le ayuda personalmente: lo limpia del pecado y lo incorpora al Cuerpo de Cristo. El bautismo también le da responsabilidades respecto a los demás: le asigna un lugar entre los fieles que celebran la Eucaristía y que sirven a su prójimo en el nombre de Cristo. El bautismo lo vuelve invitado a dar culto y a servir.

Porque usted es una persona creyente, su papel en la misa es tan relevante que, junto con los demás en la iglesia, forma parte del pueblo sacerdotal. Todos los fieles se unen al celebrante para dar gracias a Dios y ofrecer el sacrificio eucarístico. Al hacer esto, también aprenden a ofrecerse completamente a

Dios.[6] La ley sobre ir a misa el domingo no es "asistir" a la misa, sino "participar" en la misa.[7] Todos y cada uno de los bautizados tiene algo que hacer allí. No es sólo el sacerdote ministerial el que ofrece, sino que todos los sacerdotes se ofrecen, ofrecen el sacrificio y comparten la comunión.

El bautismo nos convierte en pueblo sacerdotal. Durante la ceremonia, un niño es ungido en la coronilla de la cabeza con crisma, mientras el sacerdote o el diácono dice:

> Dios todopoderoso,
> Padre de nuestro Señor Jesucristo,
> que les ha librado del pecado
> y les ha dado la nueva vida
> por el agua y el Espíritu Santo,
> les unja con el Crisma de la salvación,
> para que, incorporados a su pueblo,
> sean para siempre miembros de Cristo,
> Sacerdote, Profeta y Rey.[8]

A los cristianos se nos unge en el ministerio de Cristo para ser líderes. Participamos en la misa por nuestro sacerdocio bautismal: "Los fieles, en virtud de su sacerdocio regio, concurren a la ofrenda de la Eucaristía".[9] Pero también lo ejercemos "en la recepción de los sacramentos, en la oración y acción de gracias, mediante el testimonio de una vida santa, en la abnegación y caridad operante".[10]

El bautismo nos consagra para rendir culto y nos marca como hijos de Dios. Debido a que se recibe sólo una vez, el bautismo imparte un carácter especial para este propósito: "Los fieles, incorporados a la Iglesia por el bautismo, quedan destinados por el carácter al culto de la religión cristiana".[11]

En el *Catecismo de la Iglesia católica* se reafirman los mismos fundamentos, de esta teología bautismal; tras citar las palabras de *Lumen gentium* 11, se dice que

> el sello bautismal capacita y compromete a los cristianos a servir a Dios mediante una participación viva en la santa liturgia de la Iglesia y a ejercer su sacerdocio bautismal por el testimonio de una vida santa y de una caridad eficaz (cf. LG, 10).[12]

---

6. Ver IGRM, 95.
7. Ver *Código de derecho canónico*, 1247.
8. *Ritual para el bautismo de los niños*, 62.
9. *Lumen gentium* (LG), 10.
10. LG, 10.
11. LG, 11.
12. *Catecismo de la Iglesia Católica*, 1273.

Consagrados para rendir culto a Dios, los fieles quedan consagrados también para servir. En la confirmación, los bautizados reciben la plenitud del Espíritu Santo. Con el Espíritu recibimos sus dones espirituales, para que los usemos.

> El don del Espíritu Santo... como un sello espiritual, completará en ustedes la semejanza con Cristo y los hará miembros más perfectos de la Iglesia. En efecto, Cristo nuestro Señor fue ungido por el Espíritu Santo en el bautismo que recibió de Juan, y así fue enviado para realizar su obra y encender por toda la tierra el fuego del Espíritu.[13]

Este servicio adopta gran variedad de formas, como sucede con todos los dones del Espíritu Santo. Cuidamos de los enfermos; educamos a los jóvenes; aliviamos el dolor de los traumatizados; abogamos por la vida. Nuestro servicio no es nada más una ayuda humanitaria. Sirve a la misión de la Iglesia. Proclama el Reino de Dios. El mandamiento nuevo de Jesús de que amemos a nuestro prójimo nos motiva a servir. Cuando obramos en consecuencia de lo que creemos, con la intención de hacer la voluntad de Dios, nuestras obras proclaman a los demás la Buena Nueva de la salvación.

**Los tres sacramentos de la iniciación cristiana se ordenan entre sí para llevarnos a nuestro pleno desarrollo como fieles ejerciendo la misión de todo el pueblo cristiano en la Iglesia y en el mundo.**

—*La iniciación cristiana, Observaciones generales*, 2[14]

Los bautizados proclaman el Evangelio en toda circunstancia: “Regenerados como hijos de Dios, están obligados a confesar delante de los hombres la fe que recibieron de Dios mediante la Iglesia”.[15] Pero lo hacen de una manera especial en la misa. Enseñan los Padres conciliares: “Sea por la oblación o sea por la sagrada comunión, todos tienen en la celebración litúrgica una parte propia, no confusamente, sino cada uno de modo distinto”.[16]

Participar en la misa es una de las responsabilidades de los fieles, pero deben también cultivar un sentido religioso, una devoción interior, y mostrar caridad hacia los hermanos y hermanas que toman parte en la misma celebración eucarística.[17] En resumen, deben mostrar en el exterior la fe que anima su interior.

Esa fe la muestran los fieles también cuando ejercen alguna responsabilidad específica en la liturgia. “No rehúsen los fieles servir al pueblo de Dios con gozo cuando se les pida que desempeñen en la celebración algún determinado ministerio o servicio”.[18]

---

13. *Ritual para la confirmación*, 24.
14. Con remisión a LG, 31.
15. LG, 11.
16. LG, 11.
17. Ver IGMR, 95.
18. IGMR, 97.

## Diversidad en el ministerio, unidad en la fe

El cantor es uno de los muchos ministros en la celebración eucarística. El sacerdote la preside. El diácono lo ayuda. Los lectores proclaman las Escrituras. Los ministros extraordinarios de la Sagrada Comunión ayudan a distribuir ordenadamente el Cuerpo y la Sangre de Cristo. Los ujieres, los saludadores y los ministros de hospitalidad ayudan a las personas a sentirse como en casa. Los acólitos mantienen la liturgia fluyendo suavemente. La asamblea pone su corazón y su voz en las palabras y acciones de la misa.

Esta diversidad de ministerios muestra la obra del Espíritu Santo, que a todos otorga sus dones en abundancia. Cada comunidad de culto posee muchos dones. Tal vez algunas personas no conozcan sus dones, pero cuando los descubren y los brindan, su participación anima su fe, y la comunidad da testimonio de la presencia múltiple del Espíritu Santo. Cuando todos estos dones trabajan juntos para un propósito común, las maravillas del Espíritu Santo son fáciles de ver.

**La santa madre Iglesia desea ardientemente que se lleve a todos los fieles a aquella participación plena, consciente y activa en las celebraciones litúrgicas.**

—*Sacrosanctum concilium*, 14

Desde los primeros días de la Iglesia, la presencia milagrosa del Espíritu Santo fue evidente. San Pablo anotó que "existen diversos dones espirituales, pero un mismo Espíritu; existen ministerios diversos, pero un mismo Señor; existen actividades diversas, pero un mismo Dios que ejecuta todo en todos. A cada uno se le da una manifestación del Espíritu para el bien común".[19]

Observamos que la diversidad de dones muestra también la unidad del Cuerpo de Cristo. Los dones del cantor están orientados a fomentar dicha unidad. Dios ha otorgado dones especiales al cantor, pero se los da "para el bien común",[20] para la manifestación del Espíritu de Dios a la asamblea de creyentes.

Un buen cantor contribuirá con los dones que Dios le dio y alentará los dones de los demás. Algunas personas tienen dificultades con usar sus dones provechosamente; puede ser que sus talentos no son apreciados por otros, pero su fe y su deseo de servir siempre lo serán. El buen cantor contribuye a la obra del Espíritu Santo conjuntando los dones de la comunidad y ayudando a las personas a desarrollarlos.

Al final, los fieles reunidos expresan su unidad ofreciendo sus dones, y logran una unidad más profunda al apreciar los dones de los demás.

> La efectiva preparación de cada celebración litúrgica, hágase con ánimo concorde y diligentemente según el Misal y los otros libros litúrgicos entre

19. 1 Corintios 12:4–7.
20. Ibidem.

todos aquellos a quienes les atañe, tanto por lo que toca al rito como al aspecto pastoral y musical.[21]

El "ánimo concorde" y la "diligencia" son dos cualidades de un buen músico, por lo que los cantores están naturalmente dispuestos a contribuir a la armonía del Cuerpo de Cristo.

Antes que nada, los cantores son parte de la asamblea de los fieles. Acuden a misa con la misma intención de todos los fieles: alabar y glorificar a Dios, escuchar la Sagrada Escritura y participar en la comunión. Por ser un fiel cristiano, el cantor se prepara para la misa con una vida dedicada a las enseñanzas de Cristo, y el cantor deja la celebración con la comisión de llevar la Palabra de Cristo a todas partes durante cada día de la próxima semana.

Los fieles de la asamblea ponen su atención en los textos y las acciones de la misa para participar bien y aprovechar al máximo el don de Cristo. Igualmente, los cantores centran su atención en toda la misa. Participan en todo momento, incluso en las partes que no involucran directamente su voz. Ellos recuerdan sus pecados. Escuchan atentamente las lecturas bíblicas. Durante la Plegaria eucarística, unen sus corazones y pensamientos a las palabras que el sacerdote pronuncia.

Exige mucha concentración el participar en la misa. Los fieles de la asamblea luchan contra las distracciones para poder orar cada semana. También los cantores lo hacen, ya que pueden distraerse fácilmente con las exigencias de su ministerio. ¿Está el tablero de cantos debidamente marcado? ¿Acordaron con el organista el número de versos a cantar? ¿Recuerdan el tono del salmo de la semana? ¿Tienen dispuesta la página del Gloria apenas terminado el canto de entrada? Los cantores mueven papeles durante la misa. Si llaman demasiado la atención, o si están ajenos a la liturgia que se desarrolla, están arruinando su servicio, pues se concentran más en sí mismos y en la ejecución oportuna de su tarea, que en el flujo de la misa.

En cierto sentido, el cantor nunca tiene un descanso durante la celebración de la Eucaristía porque él o ella es miembro de la asamblea. Nadie descansa en la misa. A veces, cada miembro de la asamblea tiene algo que decir o hacer, pero en otras ocasiones cada miembro escucha y reflexiona. Siempre hay algo que hacer y, en los momentos no musicales, los cantores deben participar con tanta energía como cuando cantan.

Cuando los cantores participan bien, se convierten en modelo para el resto de la comunidad. Los cantores tratan con muchas cosas durante la misa, pero si ellos participan bien en todo, transmiten esperanza y orientación a los demás fieles en la sala. Los cantores también son personas de fe.

21. IGMR, 111.

## Historia del ministerio del cantor

El libro que más ha influido en la historia de los cantores es el Salterio que suele ser atribuido al Rey David, pero probablemente fue escrito por varios autores anónimos a lo largo de varios siglos. Estaba organizado como un cantoral moderno. Incluía algunas obras que ya habían sido cantadas por muchas generaciones, otras que habían sido compuestas recientemente y algunas más que eran populares en distintas zonas geográficas.

Nadie sabe cómo sonaba la música original de los salmos. Se ha intentado reconstruir su sonido, a partir de nuestro conocimiento de los instrumentos y del lenguaje, pero nadie lo sabe con certeza.

El texto de los salmos sugiere que algunos eran dirigidos por una persona y otros por un grupo. Algunos salmos (el 106, por ejemplo) eran demasiado largos como para que todos los cantaran de memoria. Otros (el 67, por ejemplo) tienen estribillos, lo que indica que todos cantaban esas palabras mientras otra persona cantaba los versículos. Hay algunos para acompañar las procesiones (como el 122), mientras que otros (como el 119) son meditaciones sobre la bondad de la ley de Dios, o sobre un tema (como el 23: "El Señor es mi pastor"). Los hay compuestos en forma acróstico alfabética (como el 34), de modo que cada línea comienza con una letra consecutiva del alfabeto hebreo. Los salmos probablemente requerían un cantor hábil, pero a la vez eran lo suficientemente populares como para ser recordados por distintas generaciones.

Los salmos proveían la columna vertebral del culto judío, que vino a ser la inspiración de la oración cristiana. Los cristianos consideraban cada vez más que los salmos eran proféticos. Algunos versículos anuncian la venida de Cristo, su ministerio, muerte y resurrección. Por consiguiente, los salmos se han convertido en una parte muy querida del culto cristiano.

**El canto gregoriano, en igualdad de circunstancias, obtenga el lugar principal en cuanto propio de la Liturgia romana.**

—*Institución general del Misal Romano*, 41

Para el siglo IV, los cantores eran tan populares en algunas iglesias que hubo que imponerles reglas. El Concilio de Laodicea permitió que los cantores cantaran en el ambón usando pergaminos preparados especialmente, pero no podían usar las mismas vestiduras que los demás ministros. El mismo Concilio prohibió a los ministros, cantores incluidos, que frecuentaran las tabernas locales. Desde los primeros tiempos, los ministros de la Iglesia debían llevar una vida moral, para que su conducta fuera de la iglesia realzara su ministerio eclesial.

Al hacerse más elaborada la liturgia, los textos cantados se fueron multiplicando. Se necesitaba música para las procesiones, los diálogos y las aclamaciones. Se requerían cantores hábiles para dirigir el canto.

Con el desarrollo del monacato, los monasterios de monjes o de monjas dedicaron muchas horas cada semana a cantar los salmos. La música necesitaba que alguien la dirigiera. Los cantores entonaban los salmos y cantaban los versículos.

Las necesidades musicales llevaron al desarrollo del canto gregoriano. Se compuso música, se ideó un sistema de notación, se formaba a los cantores y un gran repertorio de música circulaba por todo el mundo cristiano. Este desarrollo tomó cientos de años y el estilo del canto cambió muy poco en esa época. Los cantos gregorianos para la Liturgia de las Horas y la Misa formaron una de las colecciones de composiciones que más han influido en la historia de la música. Los cantos, para ser cantados, requerían coros bien entrenados y también cantores.

Con el tiempo, los estilos musicales se fueron desarrollando desde las melodías sin acompañamiento del canto gregoriano hasta la complicada música polifónica del Renacimiento. En muchos lugares los coros sustituyeron la función del cantor. En las misas "rezadas" el sacerdote recitaba los textos que en las otras hubiera cantado.

Con el movimiento litúrgico del siglo XX, el canto comunitario reapareció en la liturgia católica. Los cantores comenzaron a ayudar anunciando los himnos y dirigiendo los cantos. Gracias a la invención del micrófono y los altoparlantes, la voz del cantor se podía escuchar claramente en toda la iglesia.

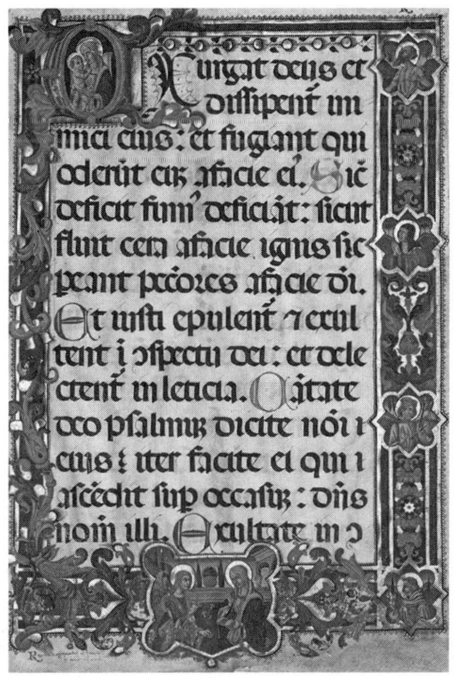

Manuscrito ilustrado del Salmo 67, siglo XV, de Umbría o Toscana, Italia.

Debido a la influencia del Salterio en el desarrollo de la música litúrgica, el salmo responsorial volvió a darle al cantor un papel prominente. Las reformas del Concilio Vaticano II ampliaron la música que sigue a la primera lectura de la misa. Antes de esta época, se cantaba o leía un par de versículos de la Sagrada Escritura, lo que se conocía como el gradual o el tracto, seguido del canto del Aleluya. Pero el Concilio aumentó la cantidad de lecturas dominicales de dos a tres, ofreció el salmo responsorial como una alternativa al gradual y separó el Aleluya para que se convirtiera en una aclamación musical separada, entre la segunda lectura y el evangelio.

El Concilio también organizó el *Misal Romano* en dos partes. Por primera vez en muchos siglos, apareció el *Leccionario de la Misa* como un libro distinto. En dicho leccionario se imprimió un salmo responsorial para cada misa. En realidad, el salmo era nada más una opción, ya que cantar el gradual también estaba permitido. Pero el salmo responsorial se hizo tan popular que apareció solo en los leccionarios y comenzó a usarse en todo el mundo católico.

El salmo requería un cantor. El salmo responsorial puede ser, ha sido y es recitado por el lector en muchas misas, pero fue creado para cantarse. Los salmos fueron compuestos como letras de cantares, y la intención de incluirlos en el leccionario fue la de ampliar la música después de la primera lectura.

Todos los salmos en el leccionario son responsoriales, o sea, tienen un estribillo o antífona que debe ser cantado por el pueblo. En la Biblia, sin embargo, muy pocos de los salmos son responsoriales por naturaleza. La mayoría de ellos desarrollan el pensamiento en una sola voz de principio a fin. El leccionario cambió la estructura de prácticamente todos los salmos al convertirlos en responsorios. También abrevió muchos salmos para que los responsorios mantuvieran la misma extensión.

Estos cambios permitieron que el pueblo cantara una pieza musical nueva cada semana, al tiempo que le dieron un estribillo para que se apropiara del salmo. El estribillo pone palabras antiguas en boca de los fieles modernos. Cultiva la naturaleza profética de los salmos que a los cristianos les resulta tan valiosa. Al cantar el estribillo hoy, la asamblea proclama que este salmo es más que un pedazo de historia musical. No sólo habla de una situación que sucedió hace mucho tiempo. Habla de algo que sucede ahora, aquí, en esta iglesia con estos cantores. El Espíritu Santo, que estaba tan activo en el escritor de este salmo tiempo atrás, sigue activo en el corazón de quienes lo entonan hoy.

Al asignar los versos del salmo a un cantor, la liturgia permite que se use una amplia variedad de formas musicales para esta parte de la misa. El cantor canta los versículos para iluminar el corazón de la gente y la acerca más al misterio de la Palabra de Dios.

Por consiguiente, la función del cantor se ha desarrollado mucho con el correr de los siglos. Ha vuelto a recibir un papel central en el culto católico. El cantor guía el canto de la asamblea, y canta en solo los versículos del salmo. Dios ha concedido al cantor dones y talentos musicales como para inspirar en los demás una fe tan fuerte que necesita expresarse en un canto.

## Preguntas para conversar y reflexionar

1. ¿Cómo se prepara usted para participar en la misa?
2. ¿Qué es lo que más lo conmueve cuando reza durante la misa?
3. ¿Qué talentos le ha dado Dios a usted? ¿Cómo se los devuelve?
4. ¿Qué piezas musicales lo ayudan a expresar su fe?

Capítulo tres

# El servicio del cantor

Te exaltaré, Dios mío, mi rey,
y bendeciré eternamente tu santo nombre.

—Salmo 145:1

Hasta aquí, hemos venido reflexionando sobre el ministerio del cantor y la función que cumple en la liturgia de la comunidad. Sin embargo, no siempre resulta claro cómo desempeñar esa función de director musical del canto y de la oración cantada de la asamblea y, a la vez, seguir siendo miembros de la asamblea. ¿De qué manera anima usted el canto de sus hermanos y hermanas sin que su propia voz opaque la de ellos? ¿Cómo proclamar el salmo responsorial como la Palabra de Dios, cantada con toda la belleza y las aptitudes que tenemos, sin convertirnos en el centro de atención de modo que los oyentes puedan recordar la belleza de la Palabra de Dios y no la belleza del sonido que *nosotros* producimos? Cantar bien es apenas el primer paso. Sabemos que la encomienda principal del cantor va más allá de cantar o hacer música. La música es apenas el primer nivel del ministerio, el medio para realizarlo.[1]

**El papel de la música es servir a las necesidades de la Liturgia y nunca dominarla, buscar entretener, ni llamar la atención sobre sí misma.**

—*Cantemos al Señor: La música en el culto divino*, 125

## Funciones múltiples

De hecho, en la liturgia y en sus momentos musicales, el cantor normalmente cumple tres funciones. A veces usted es el **director del canto** o **animador**; la persona que fomenta y apoya el canto de la asamblea. Cuando la asamblea no necesita apoyo vocal, nuestro trabajo consiste en estar presentes, ser **miembros de la asamblea** y **actuar como modelos** de lo que se debe hacer en un determinado momento. Por último, durante la Liturgia de la Palabra, le toca ser el **salmista**, el ministro de la palabra cantada, del mismo modo que los lectores son los ministros de la palabra hablada. Al salmista se le pide brindar un liderazgo claro y hospitalario a la asamblea, animándola directamente a cantar. Otras veces, deberá hacer todo lo posible por centrar la atención en el texto de la oración que entona y esforzarse por volverse transparente para que las palabras de fe brillen en todo su esplendor. A veces, hay que esforzarse para ser prácticamente invisible. En cualquiera de estos casos, se ve que nuestra función como cantores trasciende los momentos específicos

1. Ver *Cantemos al Señor: La música en el culto divino*, 125.

de tocar música o dirigir un canto y afecta cada momento de la liturgia de principio a fin.

En los momentos de liderazgo, queremos que las personas recuerden lo cantado y puedan cantarlo de nuevo, de modo que tomen el ritmo de la oración. En los momentos del salmo o de oración proclamada, se quiere que los fieles recuerden las palabras que escucharon, más que la belleza del canto o al cantante. En los momentos musicales en que la asamblea está bastante segura para cantar lo que debe, no necesita de guía ni cantor, y lo mejor es que ni note nuestra presencia.

## Cualidades del cantor

El cantor trabaja con la música para lograr su objetivo. El cantor es un dirigente; debe "dirigir y sostener el canto del pueblo" y "cuando falta la *schola*... dirigir los diversos cantos".[2]

Para sostener el canto del pueblo la voz del cantor no debe dominar el canto. La voz que se debe escuchar es la del canto de la asamblea. El cantor hace falta para definir el tono y el ritmo, citar a los fieles a la alabanza de Dios, indicar que comenzará otro verso, mantener el tono donde corresponde y controlar el ritmo de la música. Pero una vez que la asamblea haya desarrollado estas aptitudes, la voz del cantor ha de pasar a segundo plano. Especialmente cuando la asamblea entona cantos que conoce muy bien, el cantor debe servir a la comunidad dejando que se oiga la voz del pueblo de Dios.

Los cantores deben cultivar sus habilidades musicales, pero durante la misa estas habilidades deben estar al servicio de la liturgia. Los cantores deben aprender a leer música y a interpretar bien una pieza musical. Deben escuchar buenos ejemplos de música litúrgica siempre que puedan, ya sea asistiendo a liturgias parroquiales o diocesanas, o escuchando grabaciones. Es preciso que aprendan a cuidar su instrumento, la voz, protegiéndola de enfermedades, entrando en calor con ejercicios, practicando técnicas de respiración correcta y aprendiendo a cantar tanto fuerte como suavemente y a reconocer qué volumen es apropiado en cada ocasión.

Los cantores deben cuidar mucho su formación musical, practicando con un maestro o con otros cantores, escuchando a cantantes profesionales y aprendiendo distintos estilos musicales, así como las habilidades necesarias para cada uno de ellos. Así discernirán qué tipo de música es apropiada para su propia voz y desarrollarán su interés en ella.

La música, como cualquier otra habilidad, requiere práctica. Los que practican todos los días van cultivando un buen oído y una buena voz para su arte. No hay músico que no cometa errores, pero los músicos buenos practican para disminuir el margen de error.

2. Ver IGMR, 104.

Los cantores cantan frente a la asamblea, por lo que también requieren aprender a sentirse cómodos y serenos. Si el cantor ha practicado bien, aprenderá a cumplir su función sin tensiones, mientras los demás lo escuchan, lo miran o cantan con él. Si el cantor no está tenso, tampoco los demás lo estarán.

Sin embargo, incluso dedicando tanta atención al arte de la música, ser cantor no es lo mismo que ser cantante. Muchas interpretaciones musicales dirigen la atención del público hacia los artistas, pero el cantor dirige la atención de la asamblea hacia Dios, al Creador de todo: de los seres humanos, de sus voces y de la música.

El tener en mente esta diferencia ayuda a muchos cantores a tomar su actuación con mayor calma. Si sienten que carecen de alguna habilidad musical, se sienten consolados al poseer una fe fuerte y viva. Si el objetivo de la música litúrgica es compartir la fe, a muchos les resulta más fácil alcanzar este objetivo que el de cantar bien.

Cultivar nuestras habilidades de ministros de música es muestra de fe.

Con todo, un cantor no debe descuidar sus habilidades musicales. Dios le ha dado ese talento y espera que lo cultive y lo use. Una de las parábolas de Jesús habla sobre los "talentos".[3] Cuenta que un hombre que iba a salir de viaje les encargó talentos a sus servidores para trabajarlos según la capacidad de cada uno. La palabra "talento" en la parábola se refiere a una cantidad de dinero. Pero la misma palabra evolucionó y se convirtió en una palabra que significa "aptitud" o "capacidad" porque los que tenían aptitudes solían llenarse de "talentos" y prosperar económicamente. En la parábola, cuando el hombre regresa descubre que sólo dos de sus servidores duplicaron su dinero. A cada uno de ellos le dice: "Ven a compartir la alegría de tu patrón".[4] Pero se siente tan desilusionado con el tercer servidor, uno que escondió su único talento, que se lo quita y lo despide.

Dios nos concede dones con fines determinados. Debemos cultivarlos y ponerlos en práctica para el bien del Pueblo de Dios. Aun así, una de las aptitudes que el cantor debe cultivar es la aptitud de la fe. Aunque el cantor pueda cantar todas las notas correctamente y pronunciar todas las palabras con claridad, también es importante que cante con fe. Algunos de los cantores más talentosos no pueden hacerlo, pero sí algunos de los menos talentosos.

3. Ver Mateo 25:14–30.
4. Ver Mateo 25:23.

Una aptitud de la fe es saber manejar los silencios. Así como toda melodía necesita silencios para definir su estilo, la misa requiere silencio para definir sus sonidos hablados y cantados. Generalmente se espera que el cantor mantenga a la comunidad en oración silenciosa, por ejemplo, antes de cantar el Kyrie, comenzar el salmo responsorial o entonar la Aclamación antes del evangelio. En otros momentos la música comienza en cuanto el celebrante termina de hablar o cantar: el Sanctus, la Aclamación al memorial y la Doxología, por ejemplo. El cantor necesita mantener un equilibrio entre el silencio, la aclamación y el ritmo para que la música esté a tono con el ritmo dominante de la misa.

## Recorrido musical por la misa

Dado que la mayoría de los cantores ministran principalmente en la misa dominical, conviene hacer un "recorrido musical" por las partes de dicha liturgia. La misa tiene cuatro partes mayores: los Ritos iniciales, la Liturgia de la Palabra, la Liturgia eucarística y los Ritos de conclusión. Es importante comprender la progresión de la liturgia concentrándonos en la función que el cantor desempeña en ella.

### *Ritos iniciales*

- Los Ritos iniciales son los siguientes:
- Procesión de entrada y canto de entrada
- Saludo al altar y al pueblo congregado
- Acto penitencial y Señor ten piedad [Kyrie]
- [Rito de bendición y aspersión con agua bendita]
- Gloria
- Oración colecta
- [Despedida de los niños para su celebración de la Palabra]

Estos ritos buscan "hacer que los fieles reunidos constituyan una comunidad, y se dispongan a oír como conviene la Palabra de Dios y a celebrar dignamente la Eucaristía".[5]

#### Canto de entrada

La liturgia inicia con un canto o himno que sirve cuatro propósitos: "Abrir la celebración, fomentar la unión de quienes se han reunido, introducirlos en el misterio del tiempo litúrgico o de la fiesta, y acompañar la procesión de los sacerdotes y los ministros".[6] Es una tarea bastante ambiciosa para un solo canto. La elección musical para este canto suele ser un himno en estrofas o en

5. IGMR, 46.
6. IGMR, 47.

versículos y estribillo. La función del cantor es dirigir a la asamblea para que cante con fuerza; la voz del cantor debe estar por debajo de la voz de la asamblea. Busquemos que la asamblea cante bien y se sienta cómoda, sin convertirnos en el centro de atención.

### Saludo al altar y al pueblo congregado

La procesión llega al altar y lo saluda. Tras el canto de entrada (himno), el sacerdote se santigua y "por medio del saludo, manifiesta a la asamblea reunida la presencia del Señor".[7] Tanto el santiguarse como el saludo pueden ser cantados por el sacerdote. Si lo hace, el cantor puede entonar la respuesta con la asamblea.

### Acto penitencial y Señor ten piedad [Kyrie]

Luego del saludo, "el sacerdote invita al acto penitencial que, tras un momento de silencio, realiza toda la comunidad con la fórmula de la confesión general y se termina con la absolución del sacerdote".[8] Los miembros de la asamblea acogen la misericordia de Dios mientras piden perdón por sus pecados.

El Acto penitencial puede adoptar tres formas. En la primera, la asamblea reza al Confiteor ("Yo confieso ante Dios todopoderoso..."). La segunda forma es un breve diálogo entre el sacerdote o el diácono y la gente. En cada una de estas dos opciones, las palabras de absolución son pronunciadas o cantadas por el sacerdote, seguidas por el Señor ten piedad o Kyrie.

La tercera forma del acto penitencial es ligeramente diferente; esta opción tiene más probabilidades de involucrar al cantor. El texto "Señor, ten piedad" o "Kyrie, eleison" se incorpora a cada una de las tres breves invocaciones del sacerdote, en lugar de pronunciarse cuando se ha concluido la absolución. Se invita a la asamblea a responder después de cada invocación o "tropo", implorando el perdón. Terminadas las invocaciones, el sacerdote pronuncia la absolución.

### Rito de bendición y aspersión con agua

Especialmente durante el Tiempo Pascual, el rito de bendición y aspersión con agua puede reemplazar el acto penitencial y el Kyrie. Después de la oración de bendición sobre el agua, el sacerdote rocía a los fieles reunidos con el agua bendita mientras se entona un canto o una antífona. Este canto debe ser de naturaleza bautismal. El cantor lo dirige de la manera que sea más útil para la participación de la asamblea.

---

7. IGMR, 50.
8. IGMR, 51.

### Gloria

"El Gloria es un antiquísimo y venerable himno"[9] que forma parte del Ordinario de la misa,[10] y se ha de cantar en todas las solemnidades y fiestas, así como en las liturgias dominicales excepto durante los tiempos penitenciales de Adviento y Cuaresma. Los arreglos al Gloria son muchos y variados; algunos son cantados únicamente por el coro, otros son responsoriales o en forma de versículos en solo y estribillos por el pueblo, y otros están compuestos de corrido. Cuánta guía haya de brindar el cantor dependerá totalmente de la forma del arreglo musical seleccionado y del conocimiento que tenga la asamblea del arreglo. Como parte del Ordinario de la misa, es mejor que la asamblea se sienta tan cómoda con su parte que no necesite al cantor en absoluto.

### Oración colecta

Después del breve silencio tras invitar a la asamblea a orar, el sacerdote pronuncia la Oración colecta. En ella, se subraya algún aspecto del misterio pascual celebrado en esa misa. Si el sacerdote canta la colecta, el cantor puede dirigir a la asamblea con la respuesta cantada, "Amén".

## *Liturgia de la Palabra*

La Liturgia de la Palabra y la Liturgia eucarística son las dos partes mayores de la misa y están íntimamente relacionadas.

En la Liturgia de la Palabra, Cristo, la Palabra hecha carne, se hace presente mediante la proclamación de la Sagrada Escritura (Antiguo y Nuevo Testamentos). Desde el ambón se dispensa la Palabra de salvación al Pueblo de Dios reunido en la fe.

El domingo, la Liturgia de la Palabra suele incluir: Primera lectura, Salmo responsorial, Segunda lectura (no en los días de la semana o feriales) Aclamación antes del evangelio, Homilía, [Despedida de los catecúmenos], Profesión de fe y Oración universal.

**Si bien las lecturas son normalmente leídas en voz alta y clara, audible y con conocimiento de lo que se lee, también pueden ser cantadas. "El canto no oscurezca las palabras, sino que las aclare".**

—*Cantemos al Señor: La música en el culto divino*, 153[11]

### Lecturas bíblicas

Los lectores pueden cantar las lecturas, siempre y cuando el canto sirva para resaltar el sentido y el significado de las palabras y no las pierda. Además, o alternativamente, pueden cantar el formulismo conclusivo de "Palabra de

9. IGMR, 53.

10. El *Ordinario de la misa* está compuesto por textos que no cambian. Son los mismos semana a semana durante toda la liturgia. Las partes del Ordinario son el Señor, ten piedad (*Kyrie eleison*), el Gloria, la Profesión de fe (Credo de los apóstoles o de Nicea), Santo, Santo, Santo (*Sanctus*) y el Cordero de Dios (*Agnus Dei*). Esto está en contraste con las partes propias de la misa, o sea las oraciones y lecturas que cambian día por día durante los ciclos del año litúrgico y las cuales incluyen el Salmo responsorial.

Dios", a lo que la asamblea responde: "Te alabamos, Señor". Dependiendo de las habilidades musicales de los lectores, el personal de la parroquia puede solicitar que alguien que sirva como cantor cumpla con este rol.

### Salmo responsorial

El salmo que sigue a la primera lectura es "parte integrante de la Liturgia de la Palabra" y "fomenta la meditación de la Palabra de Dios".[11]

Mucha gente piensa que el término "responsorial", aplicado al salmo interleccional, se refiere a la posición del salmo como "respuesta" a la primera lectura. De hecho, si bien los salmos encontrados en el leccionario fueron elegidos para relacionarse con la primera lectura y el evangelio del día, el término *responsorial* no se refiere al propósito del salmo sino a su manera de cantar. El canto "responsorial", desde el canto gregoriano e incluso desde antes, es simplemente una forma de diálogo de canto entre un cantor o solista y el grupo más grande. Esto requiere de muchos de nosotros una nueva forma de pensar sobre el salmo responsorial y también adaptarnos a la gran cantidad de música litúrgica cantada en forma responsorial; es decir, alternando el estribillo de la asamblea con los versos del cantor.

El salmo responsorial suele tomarse del libro bíblico de los Salmos, aunque en algunas fechas del año un cántico (canción de las Escrituras) como el Magníficat (Lucas 1:46–55) o el Cántico de los tres jóvenes (Daniel 3:23) toma su lugar. El salmo propio de cada día se asigna en el leccionario, donde también hay opciones para los salmos estacionales que pueden sustituirse por el salmo de un día específico.

Debido a la gran importancia del salmo en la Liturgia de la Palabra, se suele cantar desde el ambón (u otro lugar apropiado). El cantor entona la respuesta, que la asamblea repite. Luego el cantor proclama los versos y la asamblea responde a lo que ha escuchado cantando su respuesta después de cada verso.

### La secuencia

Se le llama "secuencia" a una composición poética, no bíblica que se entona antes de la aclamación al evangelio, en solemnidades específicas. Aunque hubo muchas secuencias en uso a lo largo del año litúrgico, hoy se observan en cuatro instancias. La secuencia siempre se canta el domingo de Pascua (*Victimae paschali laudes*) y el domingo de Pentecostés (*Veni, Sancte Spiritus*); la secuencia pascual se puede cantar durante el octavario de la Pascua, en la misa. La secuencia *Lauda Sion* se modula en la solemnidad del Cuerpo y la Sangre de Cristo, y *Stabat mater*, en la memoria de Nuestra Señora de los Dolores (15 de septiembre).

11. IGMR, 61. En la sección "El cantor como salmista" (pág. 28) se trata lo referente al salmo responsorial.

La secuencia puede ser entonada por el cantor, el coro y la asamblea. Existen muchos arreglos de las secuencias, disponibles en numerosas editoriales y se encuentran en la mayoría de los himnarios y recursos para el culto.

### La Aclamación antes del Evangelio

En esta aclamación "la asamblea de los fieles acoge y saluda al Señor que les va a hablar en el Evangelio, y profesa su fe con el canto".[12] La respuesta, entonada por el cantor y repetida por la congregación, suele ser Aleluya durante la mayor parte del año, pero se reemplaza por otra (o se omite) durante la Cuaresma. Enseguida, el cantor entona el verso del evangelio especificado para esa liturgia y la asamblea repite su respuesta. Esta aclamación generalmente acompaña a la procesión con el Evangeliario o Libro de los evangelios.

### Evangelio

Si el sacerdote o diácono se siente cómodo, puede cantar el texto del evangelio, como fue el caso de las lecturas, o bien cantar sólo la invitación ("El Señor esté con ustedes" y "Del santo evangelio según san…"). Y al concluir ("Palabra del Señor"). En cada instancia, el cantor puede ayudar a la asamblea en sus respuestas, de ser necesario. El Domingo de Ramos y el Viernes Santo, si se entona la Pasión, se puede invitar al cantor a participar en la proclamación de la Pasión, pues a menudo se hace con múltiples voces.

### Profesión de fe

Cantar el Credo (el Apostólico o el de Nicea) es una opción para los domingos y las solemnidades, pero generalmente toda la asamblea lo recita. El cantor, solo o con el coro, puede ayudar a las comunidades para las que cantar el Credo es algo nuevo. Una vez que la asamblea se haya acostumbrado a cantar, en esta parte de la misa no necesitará más al cantor.

### Oración universal

La Oración universal, conocida también como Oración de los fieles reúne las peticiones de la asamblea de bautizados en favor de la Iglesia, el mundo, los oprimidos y la comunidad local. Si se canta, el cantor entona cada petición e invita a la asamblea a responder, "Te rogamos, Señor" o una súplica similar. Esta oración concluye la Liturgia de la Palabra.

## *Liturgia eucarística*

Durante la Liturgia eucarística (la segunda de las dos partes principales de la misa, ver Liturgia de la Palabra), la asamblea celebra la memoria del Señor y se dispone a la comunión sacramental, consumiendo el Cuerpo y la Sangre de Cristo. La Liturgia eucarística básicamente se articula en las siguientes partes: preparación y presentación de los dones [Ofertorio], plegaria eucarística y rito

12. IGMR, 62.

de la Comunión (Oración del Señor o Padrenuestro, rito de la paz, fracción del Pan y Comunión).

### El canto del ofertorio

La Liturgia eucarística comienza con la preparación de los dones para su presentación. Los fieles reúnen la colecta y se prepara el altar para el sacrificio. Entre tanto, el coro o un cantor entona un himno o se toca música instrumental, cuyo tema sea afín a lo que ahora tiene lugar en la liturgia. De ser necesario, un cantor puede ayudar a la respuesta de la asamblea.

### El diálogo del prefacio

Con el diálogo inicia la Plegaria eucarística. El celebrante puede entonar la batuta inicial del diálogo, y el cantor puede ayudar a la asamblea a responder. Como siempre, la función del cantor es dirigir estas respuestas cuando sea necesario facilitar el canto del pueblo, pero sin que opaque su voz.

### Plegaria eucarística y aclamaciones

La Plegaria eucarística es el "centro y el culmen" de la misa.[13] En esta parte, las ofrendas de pan y vino, presentadas sobre el altar, son consagradas, santificadas y transformadas en el cuerpo y la sangre, alma y divinidad, de nuestro Señor Jesucristo. Las distintas opciones para la Plegaria eucarística, básica mente tienen los mismos elementos: alabanza y acción de gracias, narración de la institución eucarística (el relato de la Última Cena y el mandato de Cristo de comer y beber su Cuerpo y su Sangre en cada reunión discipular), la anámnesis (recuerdo del pasado y anticipar el futuro), epíclesis (invocación al Espíritu Santo para que descienda sobre los dones), intercesiones por toda la Iglesia.

La Plegaria eucarística es amplia; se extiende desde el diálogo del prefacio hasta el gran amén que lo concluye, y conforma un único evento ritual. El sacerdote puede entonarla toda o algunas partes. Por lo general, el cantor desempeñará un papel activo en la dirección de las aclamaciones de la asamblea: el Sanctus, la aclamación al memorial y el amén conclusivo. Éstas son aclamaciones muy breves, que la asamblea suele aprender con facilidad. La mayoría de las parroquias sólo tiene unas pocas formas musicales para estas aclamaciones que rotan durante todo el año litúrgico. Conocido el repertorio y bien establecido en las voces de la asamblea, el cantor puede dejar el micrófono para que la voz pertenezca por completo a la congregación.

Las siguientes señales pueden ayudar a los cantores que no estén seguros de cuándo y qué aclamaciones cantar:

- **Santo, Santo, Santo**: Se entona terminado el Prefacio; es una aclamación de alabanza y acción de gracias. Los cantores deben estar atentos a la frase final del prefacio, que suele enfatizar que nuestra oración se une a la de ángeles y santos.

---

13. IGMR, 78.

- **Aclamación al memorial**: La aclamación al memorial viene después de las palabras de institución y antes de la *anámnesis*, el memorial de la pasión, muerte y resurrección, que actualiza la salvación realizada en Cristo, ahora mismo. El cantor dirige a la asamblea en cualquiera de las tres aclamaciones.
- **Doxología**: Al final de la Plegaria eucarística, el sacerdote canta (o dice) lo que se llama la doxología final:

  Por Cristo, con él, y en él,
  a ti, Dios Padre omnipotente,
  en la unidad del Espíritu Santo,
  todo honor y toda gloria
  por los siglos de los siglos.

  La asamblea responde con un solemne "Amén", que el cantor puede dirigir.[14]

## Rito de la Comunión

### Oración del Señor

Se le llama también Oración dominical o Padrenuestro. Puede cantarse, ya sea en la versión gregoriana tradicional o en alguno de los arreglos contemporáneos. Es sumamente importante que los fieles participen en el canto y que el cantor lo facilite del modo mejor posible.

### Cordero de Dios o *Agnus Dei*

El Cordero de Dios (*Agnus Dei*) es la letanía que acompaña a la fracción del pan. Usualmente tiene tres batutas con sus respuestas, aunque pueden multiplicarse, a necesidad, si la fracción del pan se prolonga. La letanía concluye siempre con "danos la paz".

### Canto de Comunión

Los ritos de la Iglesia establecen claramente que éste es un momento en el cual toda la asamblea debe cantar, aunque también puede acompañarse con una pieza exclusivamente del coro. Este momento es quizás el de mayor dificultad para el cantor, pues la gente va caminando en procesión, comulga, regresa a su lugar y ora dando gracias, ¿debe además *cantar*? El cantor debe mantener un delicado equilibrio. Por un lado, si se elige un canto para la asamblea, es importante que usted eche mano a sus mejores aptitudes para dirigir y animar a la asamblea para encontrar su propia voz. Por otro lado, si en la parroquia muy poca gente elige cantar en ese momento, es importante que usted

14. Vea pág. 56 para información sobre la postura y otras consideraciones sobre la función del cantor durante la Plegaria eucarística.

haga presencia audible, discreta y devota ante el micrófono para que quienes quieran cantar lo puedan hacer.

La naturaleza procesional del momento ritual pide que un canto estrófico (elaborado y sin repetición) no es la mejor opción para la Comunión. La música con un refrán o estribillo que se repite, puede funcionar mucho mejor, si se hace responsorialmente: el cantor canta las estrofas y la asamblea el estribillo. Para acompañar la procesión, es más aconsejable recurrir a un estribillo fácilmente memorizable o a una pieza que permita la repetición de la asamblea, aunque si ésta desea cantar las estrofas, por supuesto que podrá hacerlo. Como con el canto de entrada, el *Misal Romano* provee una serie de antífonas de la Comunión para que sean cantadas; algunas ya tienen arreglos musicales, y habrá que adoptarlas, al menos por el tema, como criterio para escoger el canto más apropiado.

### El canto de alabanza

Terminada la distribución de la Comunión y el momento de silencio recomendado, los documentos litúrgicos instan a que la asamblea entone un canto de alabanza. Aunque muchas asambleas no lo hacen todavía, la tradición va creciendo poco a poco, pues más y más parroquias descubren cómo el canto común de acción de gracias por el sacramento recibido, reafirma la unidad comunitaria y el fervor personal.

### Oración después de la Comunión

La Oración después de la Comunión concluye la Liturgia de la Eucaristía. Así como la Oración colecta, el celebrante puede cantar la Oración después de la Comunión. De hacerlo, el cantor puede dirigir el "Amén" de la asamblea.

## *Rito de conclusión*

Hecha la Oración después de la Comunión, suelen publicarse los anuncios a los que sigue la bendición. La asamblea, transformada por la Palabra escuchada y la Eucaristía recibida, es enviada al mundo para glorificar a Dios con su vida.

### Saludo final, la bendición y la despedida

El sacerdote canta el diálogo del saludo final, la bendición y la despedida, si lo desea. Puede bendecir con la forma simple o con la triple bendición. El cantor puede guiar las respuestas entonadas, si la asamblea no está familiarizada con esta práctica.

### Canto de salida

Es práctica común en los Estados Unidos concluir la misa con un canto, como lo reconoce *Cantemos al Señor: La música en el culto divino*, aunque esto no se señala en la *Instrucción General del Misal Romano*. Aquel documento anota que de haberse hecho un canto congresional después de la Comunión, lo más apropiado ahora sería tener una pieza coral o una instrumental.[15]

## El cantor como salmista

Los salmos bíblicos son más antiguos que la propia liturgia. Se trata de canciones que tenían un profundo arraigo en el corazón del pueblo de Dios, que saboreaba esas alabanzas cuando Jesús de Nazaret caminaba en esta tierra. Jesús las aprendió, cantó y rezó a lo largo de su vida, como nosotros hacemos hoy. Los salmos bíblicos nos vinculan inquebrantablemente con nuestros antepasados; forjan una intimidad de experiencia y emoción que no coincide con ningún otro cuerpo de textos. Es verdad que toda la Escritura es santa e inspirada por Dios, pero en los salmos se vocean las esperanzas, los miedos y las emociones experimentados por muchas personas. Piense de cada salmo no simplemente como un trozo de la Escritura (aunque lo es), sino como la experiencia de alguien singular en un momento particular: alguien real, que vivió y respiró, sufrió, celebró, lloró y rio. Cada emoción que nuestra fascinante y falible raza humana conoce halla expresión en alguna parte de estas 150 canciones poéticas: regocijo, acción de gracias, alabanza, tristeza, lamento, ira, miedo, confianza y muchas más. Una historia, el recuento de eventos, se cuenta con palabras. Cuando la experiencia emotiva es demasiado grande para contarla simplemente, tenemos que cantarla.

**El salmista o cantor del salmo, desde el ambón o desde otro sitio oportuno, proclama los versos del salmo**

*—Institución general del Misal Romano*, 61

### *La presencia del salmista*

Lo normal es que el salmo responsorial se proclame desde el ambón, desde donde se proclaman las lecturas. Aunque es aceptable proclamarlo desde otro lugar, hacerlo provoca la de por sí nebulosa distinción entre el salmo responsorial y otras partes de la liturgia dirigidas por el cantor. Recuerde siempre que, al desempeñarse usted como salmista, está haciendo algo completamente diferente a todas las demás partes de su ministerio.

Aparte de lo que usted entona en el salmo, sea consciente de su propia presencia al proclamarlo. Por mucho que trabaje usted para ser invisible y discreto en otros momentos litúrgicos, en éste debe usted ser completamente visible y dominar el foco de la sala. Con todo, una vez que consigue ser el centro de atención, su tarea consiste en redirigir la atención de la asamblea hasta que se pose en las palabras cantadas. Recuerde que su objetivo aquí es que la gente recuerde lo que cantó, no lo bellamente que usted lo hizo. No hay una forma concreta de explicar cómo hacer esto, excepto tal vez enfatizar la total confianza y seguridad en las palabras y la música como paso imprescindible.

15. *Cantemos al Señor: La música en el culto divino*, 90.

Le corresponde introducirse en la proclamación, escucharla desde el corazón y dejarla brillar con la claridad y vulnerabilidad del primero que pronunció esas mismas palabras hace miles de años. También se debe tener en cuenta que, si el verdadero canto "responsorial" se entiende como un diálogo entre salmista y asamblea, idealmente usted no debería cantar en la respuesta. Esto presenta un doble desafío. Por un lado, especialmente en las parroquias que usan el salmo apropiado de la semana en su asamblea dominical, les puede requerir más de una audiencia para comprender el texto y la melodía de algún salmo. De ser el caso, usted como cantor estará operando como bajo una "doble personalidad". Respecto a los versos usted es salmista, y respecto a la respuesta, guía de la asamblea o animador. Cuando hay un coro presente durante la liturgia, algo de esta tensión se alivia; el coro puede apoyar en las respuestas de la asamblea, y usted simplemente es salmista. Si en la parroquia no es costumbre cantar el salmo responsorial, comenzar con los salmos del tiempo litúrgico provistos en el leccionario ayudará a la asamblea a familiarizarse con el canto responsorial de los salmos.

El segundo desafío es el desconocimiento. La mayoría de los cantores carece de la experiencia de estar de pie, en el ambón, ante cientos de personas, que los miran y no cantan. Muchos cantores, incluso sabiendo que su apoyo no es necesario, no se aguantan de cantar en la parte de la asamblea; no porque la gente necesite su apoyo, sino por un sentido de autoconciencia, que les impide estar visibles y guardar silencio cuando aguardan la respuesta de la asamblea. ¡Inténtelo usted! Recuerde que el salmo es dialogal, y en el diálogo hay que hablar y luego callar para escuchar la respuesta del otro, antes de volver a hablar.

Siempre consulte con su director musical antes de intentar cambios en su servicio ministerial. En algunas parroquias, la aclamación antes del Evangelio es el lugar más seguro y menos amenazante para que cantores y asambleas se aclimaten a esta forma de verdadero diálogo, antes de hacerlo con el salmo.

## *El cantor es ministro de la Palabra*

Al prepararse y practicar para la liturgia, muchos cantores cometen el error de tratar el salmo responsorial como un canto más en la lista musical a dominar. Esto no podría estar más alejado de la verdad; el salmo es el momento central de la liturgia del ministerio de cantor y como tal debe tratarse. Usted no es aquí simplemente un ministro de música o un ministro de hospitalidad como cuando guía el canto. Usted es un ministro de la Palabra, el guardián y sostenedor del canto de las Escrituras para la comunidad.

Los arreglos musicales de los salmos generalmente se ajustan a dos categorías principales: el tono salmódico y la salmodia métrica. Los cantores generalmente se sienten más cómodos con la salmodia métrica (básicamente es un "canto", con melodía y ritmo totalmente compuestos desde el estribillo hasta los versos). Aquí, el riesgo es que se necesita una gran habilidad para que las palabras reinen y sean recordadas por encima de una grata melodía. Vale recordar las palabras de san Agustín: "Esto no quita que yo conozca y confiese que peco y que merezca castigo, cuando me sucede que el tono y canto me mueve más que las cosas que se cantan, y entonces más quisiera no oír cantar".[16] Por esta razón, cada vez más parroquias están cambiando a la salmodia, con un refrán melódico, pero tono salmódico en las estrofas o versos. Este estilo se distingue claramente de los demás cantos en la liturgia; es simple y lo suficientemente marcado como para que el texto se escuche y asimile más fácilmente.

Antes de entonarlo, el cantor debe conocer bien el texto.

El primer paso automático para la mayoría de los cantores, especialmente los que leen música, es tomar la partitura musical y simplemente cantar desde el comienzo. ¡Este es no es el mejor enfoque! Recuerde que en este momento usted es ante todo un ministro de la Palabra, así que haga lo que un ministro de la Palabra haría aquí: Comience con el texto. Las primeras líneas del salmo que usted recorra no las cante ni les ponga la música. Dígalas en voz alta (no sólo en el silencio de su cabeza). Léalas como un lector las leería, y repítalas hasta que usted las sienta cómodas en sus labios, con el significado y la intención muy claras en su mente.

Entonces debería comenzar a cantar, pero todavía no a cantar el tono como está escrito. Haga un paso intermedio e intente cantar las palabras de una sola vez, a la misma velocidad e inflexión con las que usted habla. La mayoría de la gente piensa que el discurso y el canto son cosas radicalmente diferentes. En la antigua Iglesia, sin embargo, estaban estrechamente relacionados. De hecho, en el hebreo y el griego antiguo ni siquiera había una palabra distinta para "música".[17] El discurso fue discurso hasta que vino a dar al área de la poesía y el canto, y comenzó a adoptar cualidades musicales. El

---

16. San Agustín, *Confesiones*, capítulo 33, disponible en https://albalearning.com/audiolibros/sanagustin/confesiones1033.html (acceso del 15 de junio de 2020). El santo discurre entre el provecho del alma y el deleite sensorial de oír cantar del que busca emanciparse.

17. Ni el hebreo ni el griego tienen una palabra separada para música. La frontera entre cantar y hablar era mucho menos precisa. Tan pronto como el discurso se convirtió en poesía, o cuando se trataba de hablar en público o en ceremonias, se incorporaron características rítmicas y melódicas que hoy se clasificarían como musicales, o al menos "pre-musicales". Ver Joseph Gelineau, "Música y canto en la liturgia", en Cheslyn Jones et al., eds., *The Study of Liturgy*, ed. rev. (Nueva York: Oxford University Press, 1992), 497, reproducido en Edward Foley, OFM CAP, "The Cantor in Historical Perspective", *Ritual Music: Studies in Liturgical Musicology* (Beltsville, Maryland: Pastoral Press, 1995).

paso intermedio de cantar los textos hablados en una sola nota (llamada tono recto) puede ayudar a difuminar un poco la distinción, a fin de alcanzar la calidad del canto discursivo que queremos. Como cuando usted se ejercita con un texto, practique hasta hacerlo cómodamente y sin "atorones". Sólo entonces (ya seguro y cómodo con la línea del tono melódico del canto) intente unir el texto con el tono del salmo. Mantenga el texto en movimiento al ritmo del habla y con las inflexiones y ritmo de la palabra hablada tanto como sea posible. En este punto, usted debería ser capaz no únicamente de cantar estos textos con claridad y confianza (con el texto como enfoque principal), sino que se habrá involucrado en una repetición que lo llevará más allá de las notas y palabras de la partitura al área de orar cantando los textos. Parece un proceso largo, pero toma menos de lo que parece, y vale mucho la pena.

## El cantor es un músico

Hasta aquí, hemos examinado principalmente los aspectos no musicales de un cantor. Es incuestionable que debe haber una base sólida musical en el núcleo de este ministerio, o nada se puede lograr. Dicha base debe ser bastante firme, contar con una preparación lo suficientemente amplia como para estar atento a los otros aspectos del ministerio y de aquellos a quienes sirve.

### Capacitarse

Primero que nada, el cantor deberá tener una voz agradable y saber usarla lo mejor posible.[18] Cantar sin desentonar, alcanzar todas las notas en la gama del canto litúrgico (gama que no es muy exigente, porque casi todo el repertorio del cantor tiene que ajustarse a las posibilidades de la asamblea), y con la fuerza y claridad vocales que hacen falta para proclamar bien la música, es el primer requisito para este ministerio, un requisito indispensable. Aunque hay personas a quienes esto les viene naturalmente (o que lo han cultivado desde la infancia), otras necesitan entrenamiento adicional. La mayoría de los directores musicales de las parroquias, o pueden ofrecer esa ayuda, o si no pueden, podrán recomendar algún maestro o algún grupo de estudio para que los cantores mejoren en su ejecución musical. También el departamento de música de alguna universidad local o hasta de una escuela superior puede ayudar a conseguir un buen maestro de voz.

18. "Agradable" es algo subjetivo; basta ver la clientela de los teatros de ópera y la de los estadios en conciertos de rock, para ver lo diferentes que son. Una parroquia, sin embargo, no tiene una "clientela"; es una comunidad de fe donde las personas se reúnen a orar, alabar a Dios y participar en la Eucaristía cada semana. Como antes se mencionó, la voz del cantor no debe llamar la atención sobre sí misma, sino potenciar la de la asamblea que dirige, de modo que atienda la Palabra que proclama. Por tanto, si bien la formación musical es primordial, sería un error asumir que los cantantes más hábiles y mejor capacitados profesionalmente siempre serán los mejores cantores litúrgicos. En realidad, los voluntarios son la columna vertebral del ministerio del canto en la Iglesia, y no sólo sirven a su gente admirablemente, sino que a veces hacen un mejor trabajo ministerial que el de sus homólogos profesionales.

Saber leer música es también muy valioso, y si un cantor no ha aprendido deberá hacerlo tan pronto le sea posible. La capacidad de aprender por cuenta propia nuevas piezas musicales favorece la independencia y la confianza en sí mismo, y ahorra tiempo y fatiga cuando hay que implementar un canto nuevo. Hay que decirlo claramente: si usted no sabe leer música, vale mucho la pena aprender. No saber leer música no excluye a nadie de servir como cantor. Si un cantor no lee música, pero tiene buen oído, vale la pena planificar tiempo extra para los ensayos—tal vez hasta dos ensayos por semana—especialmente si se trata de cantos nuevos. Hay muchas grabaciones de música litúrgica disponibles. Vale la pena grabar la nueva música y tocarla cuando uno está manejando el automóvil, limpiando la casa, o cuando haya un rato libre para ensayar a solas, y así ir aprendiendo el canto de memoria. *¡Note que esto también conviene a los que ya leen música!* Podrán adquirir mejor sentido del carácter y el estilo de una composición y crecerán en confianza, al ejecutarla con un instrumento, y en su ministerio.

## La preparación del cantor

Quien ha servido en el ministerio de cantor sabe bien el trabajo que implica y sus diversas facetas. Demos un vistazo a las distintas facetas que un cantor deberá tener en cuenta, en términos de una preparación balanceada y del trabajo físico, mental y espiritual que hay que hacer.

### *Cuidarse la voz*

Una diferencia importante entre los cantantes y los demás músicos es que su "instrumento musical" no es de metal o de madera, sino parte de su propio cuerpo. Todo instrumento musical necesita cuidado y precaución contra daños y desperfectos; la voz, el instrumento del canto, no es una excepción. El hecho de que los cantantes no podamos examinar nuestro instrumento para ver si muestra señales de sobreuso o de algún desperfecto, complica las cosas; nos damos una idea de si nuestro instrumento está lastimado dependiendo de cómo nos sentimos en ese momento. Además, las medicinas o tratamientos para algunas enfermedades, por bien que estén cumpliendo su misión primaria, a menudo pueden tener efectos negativos sobre la calidad de nuestra voz. Por eso, la precaución contra daños es la mejor manera de mantener nuestro instrumento en buen estado —si uno cuida su cuerpo de pies a cabeza, su instrumento vocal en la mayoría de los casos se cuidará a sí mismo. Ya sabemos lo que esto implica: apegarse a una dieta razonable y balanceada, no tomar demasiada cafeína, ni demasiada azúcar refinada, ni demasiados alimentos con fécula, ni demasiadas bebidas alcohólicas. Hacer ejercicio con regularidad, descansar suficientemente, evitar la tensión nerviosa (estrés). Las ansiedades mentales o emocionales tienen efectos profundos e inmediatos sobre el cuerpo en general, y tienden a manifestarse muy pronto en la garganta y en la voz. Hay que estar consciente de cómo uno usa la voz en situaciones que no tienen que ver con el canto. El abuso de las cuerdas vocales y una manera de hablar poco saludable pueden arruinar totalmente la mejor técnica de canto. Sobre todo, hay que mantenerse bien hidratado en todo tiempo, no nada más cuando uno va a cantar. No podemos cuidar de nuestra voz si no cuidamos nuestra persona en su totalidad —esto no se puede enfatizar bastante.

## Calentar

Si una mañana gélida de invierno, usted sube a su automóvil, sale del garaje y enseguida entra en la autopista a 60 millas por hora, no se sorprenda de que el auto no funcione tan bien como debiera. Tampoco un atleta salta de la cama por la mañana, se toma una taza de café en tres tragos, y comienza a correr un maratón. Pero muchos de nosotros hacemos el equivalente vocal a esto, los domingos por la mañana, especialmente si nos toca cantar en la primera misa. Pero tenemos un deber con nuestro "instrumento" —o sea, nuestro cuerpo, con nosotros mismos— el deber de preparar nuestra voz para el trabajo que va a hacer, si es que lo vamos a hacer bien, y sin averiar nuestro "instrumento".[19]

Muchos cantantes dependen de una botella de agua junto a sí mientras cantan. A menudo, esta dependencia se debe a que no se hidratan constantemente, todo el tiempo, 24/7. La hidratación consistente y constante debería corregir esta necesidad de beber agua después de cada canto, incluso en lugares muy secos.

### Estiramiento físico

Estire ambos brazos por encima de la cabeza. Estire lentamente un brazo a la vez como si trepara por una escalera de soga; sienta cómo se estiran ambos lados del cuerpo hasta la cintura. En esa misma posición, extienda gradualmente el brazo izquierdo sobre la cabeza y empuje hacia la derecha, como si estuviera haciendo la letra C. Mantenga esa posición unos momentos y vuelva al centro. Realice el ejercicio inverso (estire el brazo derecho sobre la cabeza y empuje hacia la izquierda). Luego sacuda ligeramente los brazos y hombros.

Deje caer los brazos hacia los lados y lentamente haga círculos con los hombros: muévalos hacia adelante, hacia arriba, hacia atrás y hacia abajo. Repita ese movimiento varias veces y luego haga lo mismo en dirección opuesta (abajo, atrás, arriba, adelante). Baje la cabeza (sólo la cabeza; mantenga los hombros erguidos, en posición cómoda y relajada). Mueva la cabeza con suavidad hacia un lado: acerque la oreja derecha al hombro derecho cuidando no levantar sus hombros. Sienta cómo se estira el lado izquierdo del cuello. Vuelva lentamente la cabeza al centro y luego realice este ejercicio hacia su

19. En las páginas siguientes aparecen ejemplos de ejercicios sencillos para que las cuerdas vocales entren en calor. Cada individuo tendrá su manera de preparar su voz, pero los componentes básicos normalmente serán los mismos: estirar el cuerpo, ejercicios de respiración, fonación elemental, entonar notas bajas, entonar notas altas y vocalización clara.

izquierda de modo que sienta cómo se estira el lado derecho de su cuello. Repita este ejercicio a un lado y al otro varias veces. Para finalizar, baje la cabeza, inhale lentamente, levante la cabeza al inhalar y luego exhale, manteniendo la cabeza erguida.

Masajee suavemente los músculos faciales unos minutos, concéntrese especialmente en los de las mejillas y la barbilla. Estire y arrugue la cara unas cuantas veces, para relajar y soltar cualquier tensión que pueda haber quedado en esos músculos. Si no tienes quién le ayude, usted mismo dese un masaje suave de cuello y hombros para distender la cara y la cabeza.

### Ejercicios de respiración

También hay que ejercitar los músculos del pecho y de la espalda, cuya labor principal es ayudarnos a respirar. Respire profundo, ya sea sólo por la nariz o por la nariz y la boca, sienta cómo el aire le llena el pecho y expándalo hasta la cintura; luego exhale lentamente. Repita este ejercicio varias veces. (Muchos cantantes experimentados combinan estos ejercicios de respiración con los de estiramiento; de este modo cada ejercicio aumenta la eficacia del otro y se ahorra un poco de tiempo).

### Fonación elemental

La mayoría de los cantantes, antes de realizar los ejercicios específicamente dirigidos a precalentar las cuerdas vocales, hacen algunas fonaciones sencillas, dependiendo de su tipo de voz. Realizar una serie de sonidos suaves tales como zumbidos, suspiros o sonidos agudos como de sirena con una vocal neutra, como la O, ayuda a "despertar" las cuerdas vocales y soltar sus movimientos.

### Tonos de gama baja

Para estos ejercicios resulta muy útil contar con un piano o teclado. Cantar combinaciones sencillas de notas (como la que presentamos a continuación) bajándolas medio tono cada vez que se repite, ayuda a "despertar" los registros bajos de la voz:

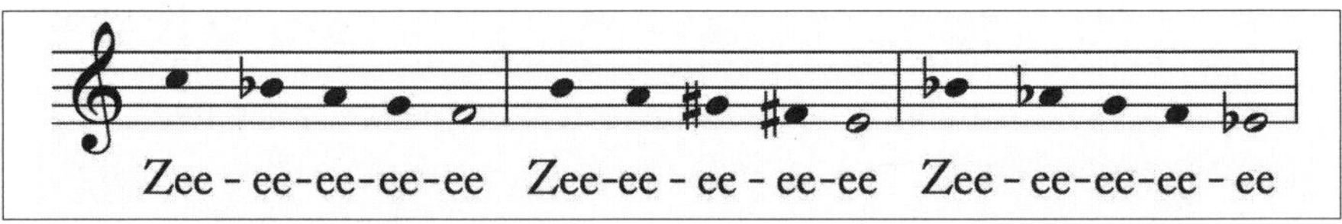


Vaya bajando medio tono, con un volumen neutro suave (no fuerce el canto, especialmente al despertar y calentar la voz), manteniendo siempre su voz cómoda; intente ampliar su rango poco a poco, ¡sin excederse! Eso ayudará al variar las vocales que usted entona; generalmente cuanto más bajo se canta es más fácil de usar las vocales "más brillantes", como "eeh" o "eh". Una vez que haya calentado bien con una vocal "eeh", intente el mismo ejercicio con una vocal "aah", o vaya alternándolas.

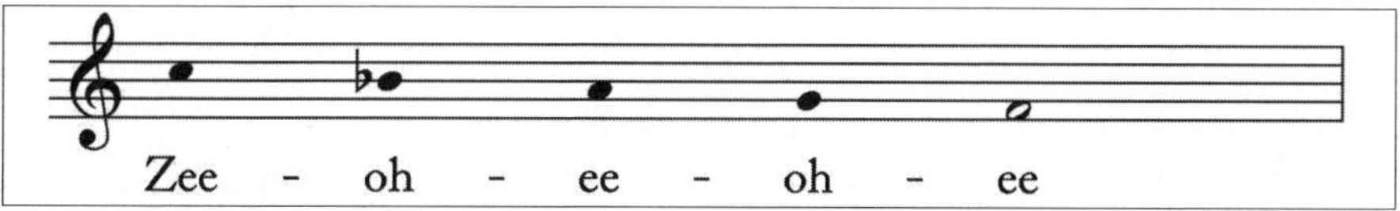


**Tonos de gama alta**

Así como los ejercicios para precalentar la parte más baja de tu gama vocal, cantar algunas tonadas sencillas con diferentes vocales ascendiendo medio tono cada vez, le ayudará a "despertar" los registros altos de su voz.

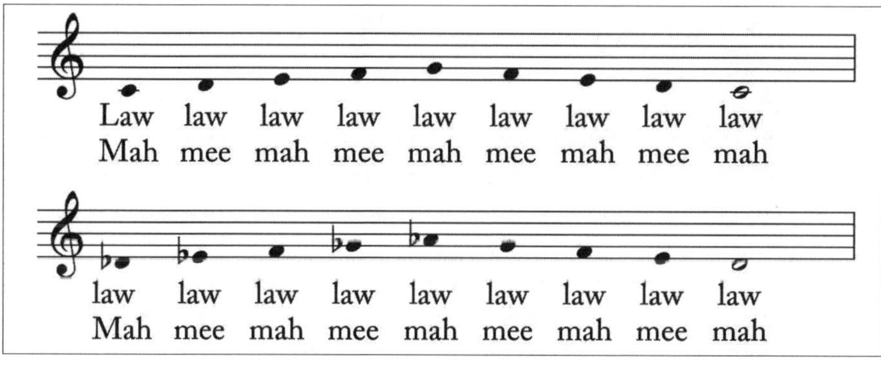


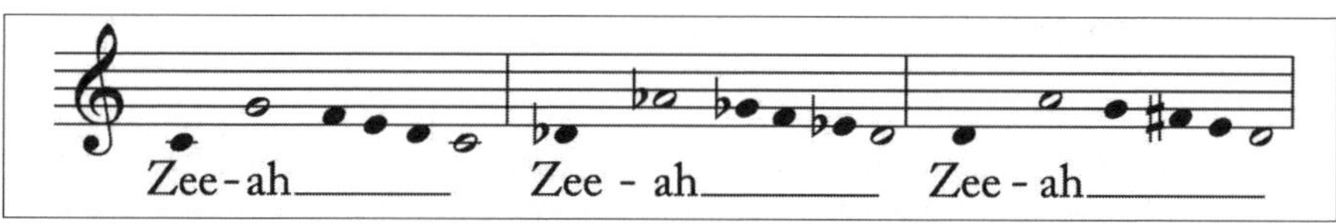


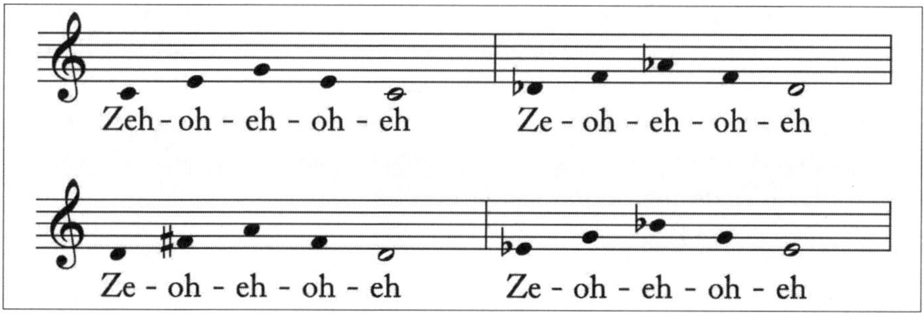

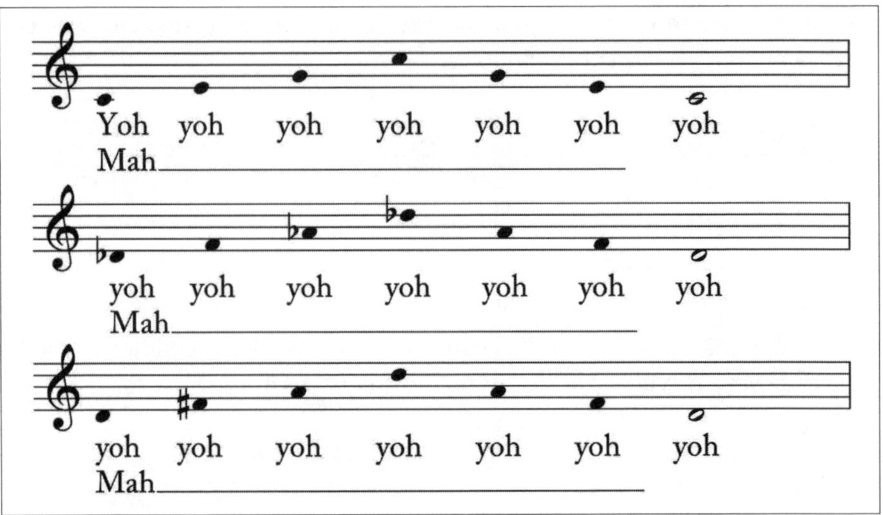


Aquí presentamos algunos ejercicios de precalentamiento para llegar paulatinamente a los registros más altos y algunas sugerencias con diferentes vocales. Las combinaciones, por supuesto, son infinitas. Usa su imaginación y descubra qué funciona mejor para usted.

De la misma manera que con los ejercicios de gama baja, aunque con el tiempo queremos ampliar nuestra gama, *nunca debemos forzar* la voz. Nunca es bueno cantar hasta el punto de sentir dolor o incomodidad y esto es particularmente contraproducente en los ejercicios de precalentamiento.

### Vocalización

Estos últimos ejercicios son para hacer que los elementos de la boca que participan en la pronunciación (dicción) se muevan con soltura. Cuando nos acabamos de levantar por la mañana, los labios, la lengua, las mejillas y la barbilla están tan soñolientos como el resto del cuerpo, y necesitan algo que los despierte suavemente. Una vez más, hay infinidad de opciones. Por ejemplo, cualquier "trabalenguas" conocido (por ejemplo, R con R cigarro; En tres tristes trastos; María Chuchena su choza) puede poner esas partes de la cara en movimiento, e irlas despertando y soltando.

### Conocer bien su música

Cuando hablamos de la parte mental de la preparación musical, nos referimos principalmente al aprendizaje de las notas y la letra de todas las piezas musicales de la liturgia antes de cantarlas, incluso si pensamos conocerlas perfectamente. Algunas veces una melodía conocida tiene un texto diferente; otras veces el texto de la tercera estrofa es diferente al de la segunda; algunas veces más un himno está en un tono más alto del acostumbrado. Algunas veces es posible que lleves uno o dos años sin cantar un canto que conoces bien. Esto es doblemente importante en el caso de la música nueva: si no conoces una pieza, tienes que dedicar tiempo suficiente para aprenderla y poderla cantar correctamente y con toda la confianza y seguridad que se necesitan para dirigir, y apoyar el canto de la asamblea.

No basta con leer mentalmente los textos y la música que vaya usted a cantar; es de suma importancia que *cante físicamente* la pieza que está preparando. Los científicos hace tiempo se han fijado en los beneficios del "músculo de la memoria" que se crea al repetir las actividades. La repetición crea patrones neuronales que facilitan ejecutar una acción; a más repeticiones, más fuerte será el patrón. Aunque pueda ser difícil encontrar oportunidad para esto, es importante que el cantor encuentre un lugar y un momento para ensayar a toda voz[20] sin sentir la necesidad de contenerse.

Sólo cuando usted esté perfectamente familiarizado con las palabras, tonos y ritmos de las piezas a cantar, podrá cumplir las demás funciones de este importante ministerio.

### La música fuera de la liturgia

Servir como cantor exige mucha preparación, pero nunca debemos olvidar que lo hacemos porque nos encanta. Tal vez vivimos tan encerrados en la música litúrgica que nos olvidamos cómo disfrutar de la buena música, de cualquier tipo. Asegúrese de recordar que el mejor cantor siempre amará la música. Disfrute su ministerio, pero expanda su propio horizonte musical para disfrutar distintos géneros y estilos musicales. Si le gusta la música clásica sinfónica, compre boletos para los conciertos de la filarmónica, pero también abra el corazón escuchando una estación radial de jazz, compre un CD de música africana o vaya a bailar salsa. Si se atreve, pídale un CD a su hijo adolescente y aprenda a disfrutarlo. La mejor manera de comprender a un grupo cultural o generacional es aprendiendo a comprender su música. Mantenga vivo su amor por la música y así nunca se agotará como ministro de música ni perderá su capacidad de maravillarse ante lo que usted canta.

## El cantor es un director o animador del canto

Probablemente la primera imagen del cantor ministerial es la de un director o animador del canto. El *cómo* llevar a cabo su papel no es una acción aislada sino un proceso que requiere tiempo. Es un proceso dinámico, pues la asamblea pertenece a una determinada parroquia en un momento preciso. No hay una manera única, "la correcta", de dirigir el canto de la asamblea. Nuestra responsabilidad es llegar a conocer nuestras asambleas de la misma manera como aprendemos y conocemos nuestra música y cultivar su instrumento musical —su voz— con tanto cuidado como el que le damos a nuestra propia voz. En este aspecto, somos verdaderos "ministros de la hospitalidad" y no sólo ministros de música. Estamos allí para brindar asistencia y seguridad a quienes

20. Esto no significa cantar suavemente, sino con toda la potencia de su voz.

servimos, para ayudarlos a sentirse bienvenidos y completamente cómodos en la liturgia.

### *Expresiones faciales y gestos*

Muchos de los factores que determinan si una asamblea está dispuesta a cantar en la liturgia no están en su control, pero hay uno que depende exclusivamente de usted: su rostro y la imagen que proyecta al cantar y dirigir el canto. Su actitud ayudará a la gente a sentirse acogida y autorizada para cantar la liturgia. Si usted aprende a ejercer su ministerio público con calidez, franqueza, receptibilidad y seguridad y mostrar esto en su rostro, la gente responderá favorablemente. Si no logra suscitar su respuesta desde el principio de la liturgia, será más difícil suscitarla después.

Una vez que su rostro sonriente y su voz cálida y segura hayan conectado con la buena disposición de la gente para cantar, su papel de director de canto o animador se podrá centrar en los gestos usuales para animar y fortalecer el canto de la asamblea. El repertorio de gestos que usa un cantor es sumamente variado y dependerá en cada momento de diversas variables:

1. **Lo musical**: ¿Cuál es la forma musical de la pieza? ¿La gente canta todo el tiempo, o sólo los estribillos, o es el canto un diálogo de llamada y respuesta entre el cantor y la asamblea?

2. **Lo hospitalario**: ¿Hasta qué punto conoce la asamblea esta pieza? ¿Cuál es la "personalidad" de la asamblea en un determinado momento del día?

3. **El espacio**: ¿De qué tamaño es el espacio litúrgico? ¿Cuán numerosa es la asamblea? ¿Qué estatura tiene el cantor? ¿Dónde se ubica el cantor respecto a la asamblea? ¿Puede desde allí ejercer su liderazgo fácilmente?

4. **El micrófono y el atril**: ¿Cómo es la calidad del sistema de sonido y a qué distancia del micrófono debe estar el cantor para una amplificación óptima (sin opacar la voz de la asamblea)? (Tenga en cuenta que la respuesta será diferente para cada cantor, pues la calidad vocal de cada persona, los micrófonos y la acústica de esa iglesia en particular determinarán este factor). De la misma manera, ¿está bien colocado el micrófono, de modo que las consonantes se escuchan claramente, sin que estallen las "p" u otras consonantes oclusivas? ¿Está el atril a una altura apropiada para leer la música o tiene el cantor que sostener la partitura en la mano para poder verla claramente? ¿Qué se puede hacer para solucionar esto? ¿Permite la colocación del micrófono, del atril y de las partituras que el cantor gesticule y dé vuelta a las páginas sin chocar con el atril o el micrófono?

## *Rutinas a recordar*

1. El gesto se hace *antes* de cantar; la asamblea no sólo debe poder cantar con usted, sino *respirar* con usted.
2. Gesticule únicamemte cuando crea que el gesto hace falta. Si para cantar la asamblea no necesita un gesto, no gesticule.
3. El cómo y cuándo un cantor debe alejarse del micrófono se debe tomar junto con el director musical de su parroquia; especialmente en las comunidades con muchos cantores, es muy importante mantener un criterio común. De sentido común es que, si la asamblea canta con toda su voz y no requiere mucho apoyo, usted absténgase de usar el micrófono.
4. Todo el proceso supone que el cantor es "puntual", es decir, que llega temprano para ensayar cuanto se necesite y darse bastante tiempo para meditar y orar.

Con el impulso de su aspiración, eleve los brazos gentilmente flexionados.

Esto es apenas el comienzo. Mientras más atención preste usted a las particularidades de las asambleas y los espacios, más larga será esta lista de variables, y mejor sintonizarán sus gestos y presencia con cada asamblea individual.

El gesto básico será más o menos así. En el último compás antes de comenzar usted a cantar, *cuando inhale*, haga que su respiración sirva de impulso para alzar los brazos en una suave curva similar a la postura orante del celebrante en algunos pasajes de la liturgia: los brazos alzados y extendidos a los costados, ligeramente por encima de la cabeza.

Al cantar el primer compás, extienda un poco las manos, invitando a la gente a unirse al canto. La altura de los brazos dependerá del tamaño del espacio litúrgico y de la estatura del cantor. A un cantor alto que dirige en un espacio pequeño quizás le baste alzar los brazos a la altura de los hombros como si estuviera por abrazar a alguien. Un cantor bajito en una iglesia grande probablemente deba alzar mucho más los brazos y formar la letra "V" para que la asamblea pueda verlo.

En espacios litúrgicos más pequeños o si el grupo conoce bien la música, los gestos con un solo brazo serán más que suficientes. Si una asamblea pequeña conoce bien la música, algunas veces bastará con una simple expresión facial: levantar la cabeza y hacer contacto visual con la asamblea. Es importante recordar que cualquier tipo de gesto deberá hacerse con suficiente antelación para que la asamblea alcance a respirar antes de cantar. Recuerde usted no solamente invita a la asamblea a cantar, sino que la está invitando primero a respirar. Esto es lo esencial; casi toda la gestualidad restante, cuándo, dimensión, frecuencia, se relaciona directamente a su capacidad de responder a lo que usted perciba de parte de la asamblea. Hable con el director musical de la parroquia; haga un par de pruebas. Si usted cuida sus gestos, rápido se dará cuenta de lo que funciona mejor para usted y que facilita la respuesta de los fieles.

## *Escuchar la voz de la asamblea*

Escuchar a la comunidad es quizás el aspecto más difícil del aprendizaje del cantor y el más importante. Escuchar y responder a nuestras comunidades, sin dar nada por descontado, y reaccionar a lo que oímos minuto a minuto, segundo a segundo, adaptando nuestra reacción a lo que percibimos, es vital para nuestro ministerio.

Ante todo, es imprescindible que los cantores conozcan con toda certeza las notas, palabras y ritmos de la música que están cantando. Si un director no se siente completamente seguro, la feligresía no sólo no obtendrá el apoyo que necesita y merece, sino que probablemente pensará que, si el propio cantor no puede cantar bien esa pieza, mucho menos podrá ella hacerlo. Si usted no está seguro de la letra y la música, se le va a hacer muy difícil establecer un vínculo real con la asamblea para escucharla.

Para su plena participación, la asamblea confía en la acertada guía de un cantor.

Las distintas formas musicales también afectan sus gestos. En un himno en estrofas, la asamblea puede necesitar un gesto enérgico para emprender el canto del himno; por otro lado, si su espacio litúrgico cuenta con un buen instrumento y el himno es muy conocido, tal vez no sea necesario gesto alguno. Con una pieza musical en versículos y estribillo, algunas comunidades necesitarán un gesto al principio de cada estribillo; otras no. (En este caso, bastará una expresión facial en el momento en que la asamblea debe empezar su parte, a menos que el espacio sea tan amplio que no se alcance a ver un gesto enérgico con la cabeza).

Una pieza cantada de forma responsorial requerirá de un gesto cada vez que a la asamblea le toque entrar con el estribillo. Como regla general, siempre que cambia el estatus quo (por ejemplo, cuando a la congregación le toca cantar después de un solo), se necesita un gesto. Lo mismo vale para las letanías, excepto que sea una letanía muy larga (por ejemplo, la Letanía de los santos o una letanía extensa y conocida para la Oración de los fieles) el cantor puede atenuar o eliminar el gesto hacia el final. No haga gesto alguno a menos que verdaderamente haga falta.

Entonces, ¿cómo saber cuándo es necesario hacer gestos o señales? ¿Cuándo alejarnos del micrófono y cuándo hacernos visibles? En realidad, no es tan difícil responder. La mayoría de los cantores (cuando van más allá de sus propias dificultades con las partituras) puede responder fácilmente —si han adquirido el hábito de preguntarse. De hecho, en cada liturgia tales preguntas hay que hacérnoslas más de una vez, incluso hasta decenas o cientos de veces.

Cuando usted hace un gesto al principio de un himno conocido en la presentación de las ofrendas, por ejemplo, mire a la congregación para ver cuántas personas tienen la letra en sus manos y están listas para cantar. Observe cuántas realmente están respirando con usted. Cuando comienza a cantar, escuche con atención para percibir la voz del pueblo cantando. Si logra oírla claramente, aléjese ligeramente del micrófono. Después de un par de compases, escuche con atención otra vez. ¿Se fortaleció o se debilitó la voz de los fieles cuando se alejó del micrófono? Si se debilitó, entonces vuelva usted al micrófono para que puedan oír bien el resto del verso. Escuche otra vez al llegar al estribillo, que suele ser la parte del canto en que la asamblea se siente más cómoda. ¿La oye cantar? Si es así, aléjese ligeramente del micrófono. Algunos grupos cantan mejor con el apoyo visible del cantor y otros avanzan con fuerza cuando el cantor se aleja del micrófono. La única forma de averiguar a qué clase de grupo está usted sirviendo un domingo determinado es prestar atención y aprender.

Este proceso de ajuste y reajuste continuo puede resultar agotador al principio, pero con el tiempo se vuelve automático y es lo que distingue a un cantor de primera.

## El cantor da ejemplo

Sonará extraño, pero nuestro objetivo como cantores cuando funcionamos como directores o animadores del canto debe ser, con el tiempo, volvernos obsoletos. Nuestra función es dirigir, pero con un liderazgo que constantemente ceda el poder al coro principal de la liturgia: la asamblea reunida. Con el tiempo, especialmente en el Ordinario de la misa, si los cantores de su parroquia se acostumbran a practicar el proceso que se describió anteriormente, observará que se puede alejar cada vez más de los micrófonos y por períodos más largos. Si usted está en una parroquia en que esto ya sucede, ¡felicidades! Ésta es una gran oportunidad. Cuando la voz de la congregación se vuelve lo suficientemente vigorosa como para no necesitarlo en los momentos cantados de la liturgia, reflexione sobre el poderoso mensaje que se transmite cuando, en vez de allegarse usted al micrófono para el Sanctus, se queda en su lugar, a unos metros del micrófono, hace un gesto para que la feligresía vea que le está dando una señal (quizás baste una expresión facial), y que usted canta como un miembro más de la asamblea en vez de dirigirla activamente. E imagínate el mensaje que se ofrecerá unas semanas después cuando hasta ese pequeño gesto desaparezca y la asamblea cante por cuenta propia, segura de su voz. Momentos como éste son el *non plus ultra* de los cantores y deben buscarse y cultivarse en la medida de lo posible.

## *Anunciar los cantos*

La preocupación principal con los anuncios de los cantos es que sean claros y audibles. Con frecuencia, un anuncio bueno y conciso de una pieza, canto o himno será algo así: "Por favor, cantemos juntos el número 526 de su himnario [o nombre del recurso musical], 'Tu palabra me da vida'. Número cinco, dos, seis".

Si es posible, use menos palabras (o preferiblemente ninguna) para anunciar el salmo responsorial, para que no pierda su identidad dentro de la Liturgia de la Palabra y el flujo de las lecturas no se vea interrumpido. Muchas de las antífonas y estribillos son tan breves y simples que las asambleas los pueden cantar completamente de memoria. Las asambleas que toman la salmodia del misal semanal o de alguna guía de oración pronto se dan cuenta que las palabras están ahí, inmediatamente debajo de la primera lectura. Si es preciso anunciar la ubicación impresa del salmo, hágalo con la menor cantidad de palabras posible (por ejemplo, "En el cantoral [o nombre del recurso musical], número 35").

Es mejor evitar los siguientes anuncios:

- "Bienvenidos a nuestra liturgia o celebración". La mayoría o todos los reunidos son presumiblemente parroquianos. Darles la "bienvenida" transmite el sentido de que la parroquia es nuestro espacio (es decir, los ministros), y que afablemente los recibimos para que se *nos* unan, allí. En días festivos importantes y especiales ocasiones, un amistoso "Damos la bienvenida a todos los que nos visitan hoy, o a los estudiantes universitarios que regresan para el verano", transmite mejor la sensación de acogida en nombre de la asamblea, pero no se dirige a ella.
- Del mismo modo, "Por favor únete a mí para cantar nuestro canto de entrada...". Esta fraseología, aunque sutilmente, dice que usted canta, y que invita a los presentes a cantar con usted, en lugar de hacerlo juntos. "Unámonos todos cantando" o alguna variante es más inclusiva y acogedora.
- "Nuestro canto de Comunión es el número 55-MMMRPH". Nuestra voz tiende naturalmente a disminuir el tono y el volumen al final del fraseo. En el habla normal esto no es un problema, pero al anunciar un número de tres dígitos, el último es tan importante como el primero, y se debe escuchar con toda claridad. Debemos hacer un esfuerzo verdaderamente

concertado para pronunciar todos los números claramente. Por lo mismo, es conveniente indicar el número dos veces; una como un solo número (557) y luego con sus tres dígitos distintos (cinco, cinco, siete).

- "En esta gloriosa mañana de primavera, con los narcisos floreciendo y el sol brillando en el cielo, unámonos cantando un alegre himno al Dios que tanto nos ama y nos ha dado el regalo de este hermoso día! Abran su cantoral en uno de mis himnos favoritos, número...". Si bien es tremendamente importante invitar con calidez a la asamblea, será su presencia y gestualidad los que la transmiten más que un caudal de palabras. Este ejemplo usa demasiadas palabras y atrae demasiado la atención sobre el que hace el anuncio (usted el cantor).

Si su parroquia usa guías de adoración o tiene un tablero de himnos, consulte con su director de música si todavía tiene que anunciar los cantos. Hay asambleas tan acostumbradas a cantar que no requieren ninguna invitación para comenzar su participación; otras sí. Un anuncio es como un recordatorio útil, un "empujoncito" gentil, para animar a la participación (especialmente en bodas y funerales); después de unos años de formación constante, la asamblea puede ya no necesitar ni siquiera eso. Alternativamente, parte del saludo inicial del cantor podría incluir una invitación como "Los números para los cantos de hoy se encuentran en el tablero de himnos sobre el órgano (o en la guía de oración); por favor, unámonos todos en el canto".

Al informar sobre la música, el cantor debe ser amable, breve y certero.

## La vida de oración del cantor

Sus hijos tienen gripe, el bebé lloró toda la noche, discutió con su cónyuge o con sus padres por la mañana y su jefe ha estado de malas toda la semana. Y ahora debe ir a la iglesia a servir como cantor en la liturgia y a dirigir el canto y la alabanza de cientos de personas. Ni siquiera podemos darnos el lujo de sólo asistir y cantar. Debemos *sumirnos en la oración* y poder establecer un vínculo con nuestros hermanos y hermanas en la fe o no estaremos realizando nuestro ministerio en la celebración litúrgica. ¿Cómo lo logramos? ¿Cómo nos hacemos transparentes para servir de este modo, especialmente los días en que a duras penas pudimos presentarnos en la iglesia?

Entre el rato que pasa usted calentando la voz y ensayando y el comienzo de la liturgia, siempre debe tomarse cinco o diez minutos para orar en silencio.

Si aparecen aspectos de su vida ajenos a su ministerio que amenazan con "interponerse en el camino", no los haga a un lado inmediatamente. Identifíquelos y luego decida qué hacer. Por poco elegante que parezca, la decisión generalmente se reduce a: "Úselo o deséchelo". Si lo que le está pasando domina su mente, y es algo que puede ofrecer como parte de lo que vinimos a hacer en la iglesia, entonces úselo. Estamos allí para servir, pero también estamos allí para rezar y alabar a Dios y ser nutridos por ese Dios que nos ama y nos llama.

A veces las fragilidades de la vida pueden profundizar y enriquecer nuestro ministerio. Las asumimos y las hacemos parte de nuestra oración y de nuestra ofrenda en el altar eucarístico. Otras veces, sin embargo, las preocupaciones de nuestra vida pueden estancarnos y hasta alejarnos de nuestra oración. Cuando esto sucede, déjelas con este simple ejercicio de visualización mental que utilizan muchos artistas y músicos: Mentalmente, deposite lo que sea que se esté interponiendo en su camino en una caja de cartón, póngale una tapa y un letrero. Mentalmente, colóquela en un estante, fuera de las puertas de la iglesia y déjala allí. Usted sabe que la caja estará esperándolo cuando salga; en ese momento la tomará para lidiar con ella, pero entre tanto no se interpondrá en su quehacer. Practique este recurso hasta que se convierta en el ministro que Dios quiere que sea; así podrá concentrarse en la música y el ministerio que está a punto de desempeñar.

Si es necesario cultivar nuestra vida musical más allá de nuestra función de ministros de música, también lo es dedicar tiempo a nuestra vida de oración para que nuestro espíritu se mantenga vivo y saludable.

## *Asuntos a considerar*

La mayoría de nosotros, cuando comenzó su ministerio de cantor, nunca pensó en lo complejo de este ministerio tan esencial a la liturgia. Lo hicimos porque nos gusta cantar, porque alguien en nuestra parroquia nos pidió que dirigiéramos el canto durante la liturgia, o por razones similares. Pero una vez aquí, descubrimos y seguimos descubriendo cuánto hemos avanzado y cuánto más tenemos que aprender y cuánto nos queda por crecer.

Periódicamente durante el año litúrgico, especialmente cuando es un tiempo ajetreado y comenzamos a sentirnos agotados o distraídos respecto a nuestro ministerio, algunas personas deciden hacer un "examen de conciencia" de su papel de cantor. El examen será distinto para cada cuál, pero probablemente seguirá líneas como éstas:

- ¿Realmente creemos que somos miembros de la comunidad?
- ¿Realmente creemos en nuestra función de apoyar el canto del "coro principal" de la liturgia, o sea, la congregación, para ayudarla a cantar con más vigor y alegría?

- En las parroquias en que cantamos en diferentes liturgias, ¿cantamos de la misma manera a las 7:30 de la mañana que en la misa familiar de las 9:30 o en la misa de las 5:00 PM que se llena de adolescentes? ¿O escuchamos a la comunidad que tenemos delante e intentamos discernir a cada segundo qué es lo que necesitan en un determinado momento las voces frente a nosotros?
- ¿Cuando oímos de pronto una voz colectiva sorprendentemente fuerte y enérgica que proviene de la comunidad en un determinado himno que les gusta, nos alejamos del micrófono hasta hacernos completamente inaudibles porque en ese momento la asamblea no nos necesita?

Cuando rezamos disponiéndonos a nuestro ministerio, ¿nuestra oración suena como: "Oh Dios, que cante bien y bellamente", o más bien como: "Oh Dios, ayúdame a hacerme transparente, para que tu música y tu Palabra brillen a través de mí"?

El simple hecho de que usted esté leyendo este libro y explorando su ministerio es algo maravilloso y enriquecedor. Que usted esté consciente de que, en cualquier nivel del ministerio en que se halle actualmente, crecer y aprender es parte de todo ministerio, es muy digno de elogio. Lo importante es que siempre recuerde que todo lo que hacemos tiene significado y que cada gesto, mirada o sonido que hacemos comunica algo al pueblo que servimos y a los ministros con quienes servimos. Aquí no hay términos medios, no puede decidir no comunicar nada por unos minutos. Usted no tiene la opción de pensar que sólo sirve en su ministerio por los momentos en que canta activamente. Cuando usted sirve como cantor en una liturgia, *cada* momento forma parte de su ministerio.

## Preguntas para conversar y reflexionar

1. ¿Cómo reacciona usted cuando la gente elogia la belleza de su voz?
2. ¿Siente "pánico" antes de una liturgia donde usted debe servir como cantor? Si es así, ¿a qué le tiene miedo? Si su "peor" temor se hiciera realidad, ¿cuáles serían las consecuencias?
3. ¿Cómo se sentiría usted si un día se diera cuenta de que, a excepción del salmo responsorial, su comunidad canta tan bien que se ha vuelto obsoleto y ya no lo necesitan?
4. ¿Qué parte de la liturgia le gusta cantar más a usted? ¿Por qué?
5. ¿Cuál es la pieza musical de la liturgia que más le gusta? ¿Por qué?
6. ¿De qué manera afecta su ministerio de cantor y director de canto o animador su vida fuera de la liturgia?

## Capítulo cuatro

# Espiritualidad y discipulado

Concede a quienes celebramos
la solemnidad de la resurrección del Señor,
resucitar también en la luz de la vida eterna,
por la acción renovadora de tu Espíritu.

—Oración colecta, Domingo de la resurrección (misa del día)

El principio central de la fe cristiana es que Cristo conquistó el pecado y la muerte con su resurrección. A esto lo llamamos el misterio pascual. En el corazón y centro de nuestra vida espiritual está la convicción de que Cristo Jesús no sólo sufrió, murió en la cruz y resucitó de entre los muertos hace más de dos mil años, sino que también, como san Pablo escribe, "cada vez que comen de este pan y beben de esta copa, anuncian la muerte del Señor hasta que él vuelva".[1] San Pablo nos recuerda también, sin reservas: "Y si Cristo no resucitó, entonces vana es nuestra proclamación y vana también la fe de ustedes... Si lo que esperamos de Cristo se reduce solo a esta vida, somos los más desdichados de todos los seres humanos".[2]

Al reunirnos como Iglesia para celebrar la liturgia, no recreamos y revivimos la historia, sino que recreamos y revivimos el misterio: el misterio pascual. Es un misterio fundamental para la liturgia y para nuestra vida cristiana diaria. El misterio pascual no es algo que vemos como espectadores en un evento, sino algo nuestro, pues nos volvemos partícipes de la liturgia celestial que une la pasión, muerte y resurrección de Cristo con la nuestra. Ver cada aspecto del ministerio del cantor con la lente del misterio pascual nos ayudará a percibir que esa muerte y resurrección del Señor es la enseñanza central de nuestra fe y de nuestra vida. Igualmente nos recuerda que participamos activamente en la ofrenda de Cristo.

## Una ofrenda bautismal

Debemos enfatizar que el ministerio del cantor, y de cualquier ministerio litúrgico, arraiga en su identidad bautismal comunitaria.[3] Sin esta raíz, el papel del cantor corre el riesgo de convertirse simplemente en una actuación.

Recordemos que recién bautizados, fuimos incorporados a Cristo sacerdote, profeta y rey, cuando se nos ungió con el crisma sagrado. Este sacerdocio bautismal, distinto del sacerdocio ordenado, es el sacerdocio del mismo Cristo, y es el que nos capacita para, junto con el sacerdote ordenado, ofrecernos

1. 1 Corintios 11:26.
2. 1 Corintios 15:14, 19.
3. Ver capítulo 2, pág. 9.

a nosotros mismos y manifestar nuestra profunda piedad y caridad hacia los hermanos.[4]

Esta conciencia oferente es crucial para entender lo que comporta participar en la misa, sea que tengamos o no un rol ministerial específico en ella. El sacerdocio bautismal nos solicita participar en la liturgia ofreciéndonos a nosotros mismos. Esta participación oferente es tanto externa como interna. Externamente, participamos usando nuestros cuerpos para hacer gestos, cantar y dar respuestas y para ir en procesión hacia y desde el altar. Internamente, participamos por nuestras actitudes y disposición, así como por nuestra meditación y contemplación silenciosas. Nuestra participación externa ayuda a formar nuestra participación interna y viceversa; de esta manera el Misterio pascual recrea nuestra identidad y nuestro quehacer. Cada vez que nos reunimos para la misa, la congregación aclama el memorial con alguna de estas tres formas (a menudo dirigidas por el cantor): "Anunciamos tu muerte, / proclamamos tu resurrección. ¡Ven, Señor Jesús!"; "Cada vez que comemos de este pan / y bebemos de este cáliz, / anunciamos tu muerte, Señor, / hasta que vuelvas"; "Salvador del mundo, sálvanos, / tú que nos has liberado por tu cruz y resurrección". Todas dirigidas a Cristo, estas aclamaciones nos dan una voz poderosa en el corazón de la misa, la Plegaria eucarística. En ella, el sacerdote usa el plural "nosotros" cuando habla de quién está ofreciendo la oración:

**Santifica, Señor, por tu piedad estos dones y al recibir en oblación este sacrificio espiritual, conviértenos para ti en una perenne ofrenda.**

—*Oración sobre las ofrendas*, Sábado II de Pascua

> Así, pues, Padre, / al celebrar ahora el memorial / de la muerte y resurrección de tu Hijo, / te ofrecemos / el pan de vida y el cáliz de salvación, / y te damos gracias / porque nos haces dignos de servirte en tu presencia.[5]

Independientemente de cualquier rol ministerial, todos los cristianos, unidos a Cristo, se presentan como "víctima viva para alabanza de tu gloria".[6]

## Preguntas para conversar y reflexionar

1. ¿Con cuánta frecuencia reflexiono sobre mi llamado bautismal?
2. ¿Cómo imagino mi papel dentro de la asamblea cristiana?
3. ¿Estoy usando los dones y carismas recibidos en el bautismo para el servicio de la Iglesia y el mundo?

4. IGRM, 95.
5. *Misal Romano*, Ordinario de la misa, 105 (Plegaria eucarística II).
6. Cf. *Misal Romano*, Ordinario de la misa, 122 (Plegaria eucarística IV).

## Ofrendarse

Moneñor Kevin Irwin sugiere que "al celebrar las fiestas del año litúrgico, 'recordamos el pasado', 'convocamos el futuro' y experimentamos en el presente todo lo que está implícito en el misterio pascual de Cristo".[7] Conforme se desarrolla el año litúrgico, nos exponemos a la obra salvífica de Cristo, acontecida en el pasado, experimentamos su significado para nosotros en el presente y aguardamos el cumplimiento del reinado de Dios en el último día.

El cántico de la Carta a los filipenses, que es la segunda lectura el Domingo de Ramos de la Pasión del Señor, se refiere al sacrificio de Cristo en la cruz en un acto de lo que llamamos *kénosis*, un término griego que significa "vaciarse". En esa lectura escuchamos que Jesús "se despojó de sí mismo" y asumió "la condición de un esclavo".[8] Por obediencia a Dios entregó su vida en el sacrificio supremo, vaciándose a sí mismo por la salvación del mundo entero.

Los cantores se encuentran con el misterio pascual directamente en su ministerio al "vaciarse" sacrificialmente. Este vaciarse se da cuando se comprometen domingo tras domingo, a menudo para múltiples misas, a estar presentes en la iglesia para ayudar a las personas a orar. La mayoría de las veces, el compromiso va más allá de los domingos hasta la Navidad, Pascua, Día de la Madre y Día del Padre, y otras ocasiones cuando la mayoría de las personas descansan y disfrutan estar con sus familias. El vaciarse ocurre cuando los cantores pasan tiempo ensayando y aprendiendo música, asistiendo a talleres, convenciones e institutos para mejorar sus habilidades y mejorar su servicio. Incluso se da cuando hay contratiempos, cuando se cantan notas incorrectas en el salmo o entramos antes del compás del canto de entrada que hemos cantado ya tantas veces. Sí, la única liturgia perfecta es la celestial.

**Que te sean agradables, Señor, nuestras humildes súplicas y ofrendas.**

—*Oración sobre las ofrendas*, Martes II de Adviento

El vaciarse ocurre cuando nos encontramos con un feligrés molesto que se queja de la selección de la música en una misa determinada o la novia o el novio que exige que se cante "su canción" en la liturgia de su boda. Hemos visto gran cantidad de vaciamientos cuando la pandemia de COVID-19 cerró nuestras iglesias y cambió la forma de celebrar la liturgia y realizar nuestro ministerio. Las muchas formas que los cantores experimentan ese autovaciarse dirigen a la celebración de la pasión y la muerte de Cristo en sus muchas y variadas situaciones ministeriales, y, de hecho, en su vida misma.

Podríamos seguir reflexionando sobre las muchas formas como el ministerio del cantor conduce al vaciamiento propio y a morir a sí mismo. Sin embargo, dejar de explorar las formas en que el cantor se eleva a una vida nueva,

7. Paráfrasis de las notas tomadas en un curso en la Universidad de Notre Dame.
8. Ver Filipenses 2:5–11.

la exposición del misterio pascual quedaría incompleta. Los cantores encuentran la resurrección cuando entran profundamente en la liturgia sin perder de vista que son miembros de esa asamblea allí reunida. Una nueva vida surge cuando una viuda afligida ofrece una nota de gratitud después de la despedida de su cónyuge o cuando un feligrés sonríe amablemente porque el salmo responsorial tocó su corazón. Un destello de la resurrección emerge la tarde del Domingo de Pascua después de lo que parecía un maratón de ensayos y liturgias, para darnos cuenta de que uno ha jugado un papel integral en la penúltima celebración litúrgica de la muerte y resurrección de Cristo. Se produce una sensación de renacimiento cuando las notas musicales fluyen con gran facilidad después de meses de terapia vocal con una cuerda vocal paralizada. Celebramos la resurrección de Cristo en las muchas y variadas situaciones de nuestro ministerio, y, de hecho, de nuestra vida.

Los cantores encuentran a Cristo cuando se envuelven en la liturgia sin olvidar que son miembros de la asamblea.

## Preguntas para conversar y reflexionar

1. ¿Cuáles son algunas de las formas en que experimento el misterio pascual cuando asisto a la liturgia?
2. ¿Qué fiestas particulares, estaciones o momentos rituales me atraen al misterio pascual?
3. ¿Cómo me preparo para celebrar el misterio pascual en la liturgia?

## Una ofrenda de oración

### *La oración de Cristo*

Los salmos son la columna vertebral de la oración judía y cristiana. El que los reza regularmente sabe de su capacidad para expresar la amplia gama de las emociones humanas: miedo, anhelo, alegría, acción de gracias, dolor, lamento y alabanza. Proclamar los salmos es una de las tareas principales del cantor en la misa, la Liturgia de las Horas y en cualquier otro rito o reunión litúrgica. Más relevante que los aspectos físicos del canto, la dicción y la calidad del tono, es la capacidad del cantor para internalizar el sentido de los salmos y vivir lo que expresan. Las emociones humanas manifiestas en los salmos son las mismas que tenemos hoy, en nuestra vida diaria.

Juan Pablo II escribió una vez sobre la importancia de formar a los fieles en la oración, formación que es fundamental para la vida parroquial:

> nuestras comunidades cristianas tienen que llegar a ser *auténticas "escuelas de oración"*, donde el encuentro con Cristo no se exprese solamente en petición de ayuda, sino también en acción de gracias, alabanza, adoración, contemplación, escucha y viveza de afecto hasta el "arrebato del corazón".[9]

El cantor, por ser ministro litúrgico parroquial y testigo público, es un "estudiante" notable en esta escuela de oración y debe creer, profesar y vivir las palabras de los salmos que se cantan en la liturgia, de lo contrario, su ministerio corre el riesgo de volverse un show vacío.

Las Sagradas Escrituras, los salmos en particular, nos dan una idea de la vida de oración de Jesús de Nazaret y nos recuerdan la relevancia de la oración para su vida y misión, en última instancia, para llevar a cabo su misterio pascual. Sin duda que, por ser un judío fiel, los salmos fueron parte integral de su oración. A lo largo de su vida, él participó en la oración pública en las sinagogas y el templo, tanto como en las oraciones privadas que eran, para los piadosos, parte de su rutina diaria. Oró para llamar a sus discípulos, antes de sus milagros públicos, cuando bendijo a los niños pequeños, antes de las comidas, antes de su pasión, e incluso pendiendo en la cruz. Son palabras de los salmos sus últimas palabras a la Iglesia, como leemos en los evangelios.

Por ser proclamadores de los salmos, los cantores han de imitar a Cristo en sus vidas de oración personal. Rezar regularmente la Liturgia de las Horas, la oración oficial diaria de la Iglesia, se recomienda especialmente a los cantores, ya que los salmos y los cánticos son la columna vertebral del Oficio Divino. Además, el rezo de las Horas es obra de toda la Iglesia y es un ejercicio del ministerio sacerdotal, profético y real de todos sus miembros bautizados, mientras buscamos morir a nosotros mismos y resucitar a la nueva vida en Cristo.

## *Otras formas de rezar*

La reciente pandemia de COVID-19 nos recordó la importancia de fomentar la vida de oración y la formación de la Iglesia doméstica. Un meme que circuló en las redes sociales durante el tiempo de la pandemia incluía una imagen de Satanás y Jesús mirando al mundo. El diálogo lo iniciaba Satanás diciendo: "Con COVID-19, cerré tus iglesias". Jesús respondía: "¡Al contrario: acabo de abrir una en cada hogar!". Cristo está presente cuando se proclama su Palabra y cuando su pueblo se reúne en oración, incluso cuando circunstancias inusuales hacen imposible celebrar su presencia sacramental. Orar la Liturgia de las Horas es una manera de fomentar la Iglesia doméstica y de orar por las nece-

---

9. *Novo millennio inuente*, 33; disponible en http://www.vatican.va/content/john-paul-ii/es/apost_letters/2001/documents/hf_jp-ii_apl_20010106_novo-millennio-ineunte.html (acceso del 18 de junio de 2020).

sidades de los demás. Podemos orar por los seres queridos que están enfermos o por personas que no conocemos al otro lado de la calle o en todo el mundo que enfrentan hambre, persecución o cualquier otra situación de la vida. Orar por los demás nos recuerda que no vivimos aislados sino como parte de una familia global unida en nuestra humanidad común.

Asistir a misa diaria también podría ser una consideración para los cantores, especialmente como participantes en la asamblea sin ningún papel musical asignado. Los cantores también podrían considerar rezar el Rosario u otras formas de oración devocional que puedan acercarlos a Cristo. *Lectio divina* es otro ejercicio espiritual recomendado. Esta práctica monástica tradicional de lectura de las Escrituras, meditación y oración tiene la intención de promover la comunión con Dios y aumentar el conocimiento de la Palabra de Dios. También se podría considerar la participación en un retiro anual o días de reflexión. Puede ser beneficioso buscar la dirección espiritual de un líder parroquial capacitado en esa práctica para ayudar a guiar su vida de oración.

Los cantores deben esforzarse en leer y meditar en las lecturas del siguiente domingo.

Los cantores deben esforzarse en leer y reflexionar las lecturas de las Escrituras para el próximo domingo, particularmente el salmo responsorial y el evangelio. Hay muchos recursos anuales disponibles, como *Palabra de Dios: lecturas dominicales y reflexiones espirituales* y *Manual para proclamadores de la palabra*. Tener una Biblia en el hogar también es una buena idea. Una Biblia familiar más grande y más bellamente diseñada podría incluso estar en un área común y usarse para entornos de oración más formales, mientras que una Biblia de estudio más pequeña podría mantenerse junto a la cama, en la mesita de noche para una referencia rápida. Piense en hacer notas en la Biblia misma o en un diario, para enfocarse más en algún tópico.

La oración debe conducir a una relación profunda con Cristo para servir mejor a su Cuerpo, la Iglesia. Antes de que despegue un avión en el aeropuerto, una azafata recuerda a los pasajeros que, si se despliegan las máscaras de oxígeno, debe colocarse la máscara en su propia cara antes de ayudar a un niño, o a otra persona, con su máscara. Quienes dirigen la oración también deben ser personas que oran primero. Es posible que nuestra oración no siempre sea perfecta ya que las distracciones y las condiciones de la vida humana a menudo se interponen en el camino. Pero nuestra oración debe ser sincera, genuina y arraigada en un deseo de profundizar en Cristo y en su misterio pascual.

## Preguntas para conversar y reflexionar

1. ¿De qué manera me ayuda mi oración a enfocarme para ser un mejor cantor?
2. ¿Qué formas de oración individual son más significativas para mí que otras?
3. ¿Es mi vida de oración regular e intencional?

## La ofrenda del servicio

En *Cantemos al Señor: La música en el culto divino*, los obispos de los Estados Unidos nos recuerdan:

> Es importante entender que el himno pascual no cesa al término de la celebración litúrgica. Cristo, cuyas alabanzas hemos cantado, sigue con nosotros y nos conduce, a través de las puertas de la Iglesia al encuentro de todos los hombres de nuestro tiempo en su gozo y esperanza, tristeza y angustia.[10]

Los cantores, líderes de la oración cantada, han de salir al mundo viviendo lo que acaban de cantar. Dar testimonio de la muerte y resurrección de Cristo Jesús es asunto de todo discípulo cristiano en el mundo, en hogares y lugares de trabajo y entre amigos, compañeros de trabajo y toda persona con quien interactuamos.

Al final de la misa, el diácono o el sacerdote nos despide y nos envía al mundo para poner en práctica el evangelio de Cristo que acabamos de escuchar. En nuestra tradición litúrgica, el diácono, ordenado para el ministerio de caridad con pobres y necesitados, es la voz de quien nos envía a vivir nuestro llamado bautismal. La despedida de la misa ha llegado a implicar una "misión".[11] Nuestra respuesta a la despedida, "Demos gracias a Dios" es una aclamación de gratitud y acción de gracias. ¿Qué más podemos hacer excepto dar gracias a Dios por el regalo inestimable de la celebración de la Eucaristía? O, en palabras del Salmo 116:12, "¿Cómo puedo pagarle al Señor por todo el bien que me ha hecho?". Vivir el misterio pascual día con día nos prepara para celebrar auténticamente la liturgia y para seguir viviendo lo que profesamos en la Eucaristía.

**Glorifiquen al Señor con su vida. Pueden ir en paz.**

—*Misal Romano*, rito de conclusión (Ordinario de la misa, 144)

10. *Cantemos al Señor*, 8, con remisión a GS, 1.
11. *Sacramentum caritatis*, 51.

Para aquellos que participan en la Eucaristía, servir a otros cuidando a los pobres, los indigentes, los inmigrantes, los enfermos y los encarcelados no es simplemente una opción; Es un mandato, un deber sagrado y una verdadera señal del misterio pascual de Cristo. Cantar el Salmo 34, "El Señor escucha el clamor de los pobres", sin tener en cuenta a los pobres, sería inauténtico. El salmista nos recuerda que "el Señor está cerca de los quebrantados de corazón; de aquellos cuyo espíritu está aplastado los salvará". El cantor tiene el privilegio de recibir la Eucaristía con frecuencia. Asegúrese de no descuidar la presencia de Cristo en los pobres, los necesitados y los afligidos. Responda a la invitación de Dios por la forma en que usted se comunica con los necesitados.

Usted desempeña su papel de cantor; lo vive. Si usted se nutre con una oración sincera, un compromiso en el acto litúrgico y una auténtica vida cristiana, se está proveyendo con el alimento necesario para su ministerio.

## Preguntas para conversar y reflexionar

1. ¿De qué formas experimento el misterio pascual en mi vida?
2. ¿Cómo puedo guiar a otros al misterio pascual con mi ejemplo?
3. ¿Es coherente mi vida con la forma como llevo el canto de la asamblea y, lo que es más importante, como llevo mi vida?

Capítulo cinco

# Preguntas frecuentes

## 1. Terminada la primera lectura, ¿cuánto tiempo debo esperar para cantar el salmo?

El salmo responsorial es parte de la Liturgia de la Palabra y representa la proclamación de las Sagradas Escrituras, no es una mera "respuesta" a la primera lectura. Debe haber suficiente tiempo entre la primera lectura y el salmo responsorial (así como entre éste y la segunda lectura y entre la segunda lectura y la aclamación antes del evangelio) para que la asamblea respire un poco y asimile lo recién escuchado. En algunas parroquias, la asamblea se siente cómoda dedicando un minuto entero o más a la contemplación silenciosa; en otras, si se dedican más de unos momentos, la asamblea se inquieta y la contemplación resulta infructuosa.

En parroquias con muchas familias con niños pequeños, el nivel de ruido ambiental hará que sea casi imposible hacer verdadero silencio en la liturgia dominical; en congregaciones pequeñas de adultos, quizás el silencio contemplativo sea una parte esencial del culto comunitario. Consulte con sus colegas del ministerio, evalúe la energía de los fieles presentes e interprete el silencio en consecuencia.

**La Liturgia de la Palabra debe ser celebrada de tal manera que favorezca la meditación, por eso se debe evitar absolutamente toda forma de apresuramiento que impida el recogimiento. En ella son convenientes también unos breves momentos de silencio, acomodados a la asamblea reunida, en los cuales, con la ayuda del Espíritu Santo, se perciba con el corazón la Palabra de Dios y se prepare la respuesta por medio de la oración.**

—*Institución general del Misal Romano*, 56

## 2. ¿Debo caminar hasta el ambón para cantar el salmo? ¿No sería más fácil cantarlo desde el puesto del cantor?

¿Más fácil? Por supuesto. Sin embargo, como dijimos más arriba, el salmo responsorial no es un "canto" más de la liturgia; es una parte de la Palabra de Dios que proclamamos, y, por lo mismo, implica una veneración que no se compara con los demás cantos que canta el cantor. Durante muchos años, se creyó que el salmo era una "respuesta" a la primera lectura y cantar el salmo desde el mismo sitio que la demás música sólo refuerza esta creencia errónea. (El salmo elegido para cada domingo del año litúrgico suele hacer eco a la primera lectura y responde a su contenido, pero es mucho más que eso.) Claro está que en algunos espacios litúrgicos es posible que factores como la facilidad o dificultad de ser visto o el retardo en el sonido hagan que el ambón sea un lugar poco práctico para cantar.

Un buen ejemplo de cómo acercarse al ambón sería el siguiente. Generalmente, el cantor deberá trasladarse de un lado del presbiterio al otro y, por lo tanto, pasar frente al altar. Como se observó en la pregunta # 1, después de la primera lectura se hace un período de silencio, antes de entonar el salmo. El cantor debe dar el ejemplo de este silencio contemplativo. Llegado el momento indicado, el cantor se levanta y camina con paso reverente hacia el altar. Al llegar frente al altar, el cantor se vuelve hacia él, hace una inclinación profunda y continúa hacia el ambón.

El cantor debe estar consciente del tipo de zapatos que usa para no generar distracciones al desplazarse de un lado a otro. Evite usar zapatos que chirríen al caminar, o que tengan suelas tan lisas que lo hagan resbalar, o tan duras que produzcan un ruido "sordo" contra el piso. Los zapatos de taco bajo o mocasines suelen ser una buena opción. La ropa también debe ser recatada. Algunas parroquias exigen que los cantores (y los miembros del coro) usen un alba o un vestido de coro.

**Después de la primera lectura sigue el salmo responsorial, que es parte integrante de la Liturgia de la Palabra y tiene gran importancia litúrgica y pastoral, en cuanto que fomenta la meditación de la Palabra de Dios... El salmista, o cantor del salmo, desde el ambón o desde otro sitio oportuno, proclama los versos del salmo...**

—*Institución general del Misal Romano*, 61

### 3. ¿Cuándo debo ir a comulgar?

La logística del ministerio de música durante el Rito de la Comunión no facilita discernir cuál sea el momento más adecuado para que el cantor u otros ministros de música comulguen. Si el cantor comulga antes de iniciar el canto de la Comunión, puede prolongarse el intervalo que va de la comunión del sacerdote (en este momento, según la IGMR, 86, el canto ya debería haber empezado) a cuando haya un ministro de la Comunión disponible para ofrecer la Comunión al cantor. Si el cantor comulga terminada la distribución de la Eucaristía, es importante que el ministro que la distribuya espere hasta que haya terminado el canto de la Comunión, para asegurarse de que los ministros de música tengan la oportunidad de comulgar. Es muy importante que usted atienda las instrucciones específicas del personal pastoral. En todo caso, los ministros de música, aunque sean miembros con una función específica, siguen siendo miembros de la comunidad, por lo que han de tener la misma oportunidad de comulgar que los demás.

### 4. Si sirvo como cantor en más de una misa algún domingo, ¿puedo recibir la Sagrada Comunión en ambas?

Los ministros litúrgicos que han servido y han comulgado en una misa pueden comulgar de nuevo si sirven en una segunda misa; sin embargo, los ministros litúrgicos solamente pueden comulgar dos veces. Si sirven en una tercera misa, no podrán recibir la Sagrada Comunión por tercera vez.

## 5. Si los fieles se arrodillan durante la Plegaria eucarística, ¿me debo arrodillar o permanecer de pie?

Los documentos litúrgicos son muy claros en lo que respecta a las posturas de los fieles en los diversos momentos de la liturgia. Si esto presenta una dificultad pastoral, lo mejor será que el director de la música o de la liturgia consulte con el párroco y comunique lo acordado a los demás cantores.

Puede resultar pastoralmente apropiado que el cantor esté de pie durante toda la Plegaria eucarística para no distraer a la asamblea. Recuerde que, en una situación ideal, en que la asamblea conoce y ha hecho suyas las aclamaciones que se cantan durante la Plegaria eucarística, no será necesario que usted dirija el canto, de modo que pueda simplemente ponerse de pie o arrodillarse con la asamblea y cantar desde su lugar (sin micrófono). Cuando sólo se necesita que usted refuerce y apoye el canto, es muy importante que, haga lo que haga, sea lo menos notorio que se pueda, para no desviar la atención de la parte más importante del rito. Lo que implica esto para usted como cantor depende de muchos factores: la arquitectura de la iglesia (su puesto para cantar ¿está lejos de donde se debe arrodillar y por lo tanto debería caminar mucho y hacerse visible para llegar hasta allí?) es un factor muy importante, así como su destreza física para arrodillarse y ponerse de pie fácil y discretamente en su lugar.

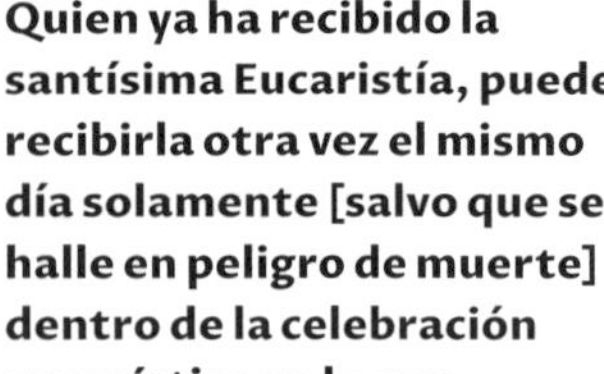

**Quien ya ha recibido la santísima Eucaristía, puede recibirla otra vez el mismo día solamente [salvo que se halle en peligro de muerte] dentro de la celebración eucarística en la que participe.**

—*Código de derecho canónico*, 917

## 6. Cuando tenemos un canto nuevo, ¿debo enseñarlo antes de la misa a la asamblea? ¿Cómo hacerlo?

Como siempre, dependerá de la parroquia, del estilo y de la composición; también dependerá de dónde esté su asamblea en la variable de cantar o no hacerlo. Cuando una parroquia tiene la dificultad de que "Cantar es asunto del cantor, no mío; yo sólo escucho", debería ensayar con frecuencia o incluso semanalmente con la congregación, para que la música se le vuelva familiar, al punto de *hacerla propia*, de modo que en la liturgia pueda contar con vigor y confianza. Por otro lado, a parroquias que cantan bien, con sólidos repertorios y un buen liderazgo musical, tal vez les baste escuchar una vez el verso para poder seguir al cantor o al coro sin necesidad de muchas repeticiones.

**En las diócesis de los Estados Unidos de América, los fieles deben permanecer de rodillas después del canto o recitación del *Santo* hasta después del *Amén* de la Plegaria eucarística, a no ser que lo impidan la enfermedad, la estrechez del lugar o el gran número de los presentes u otras causas razonables. Los que no pueden arrodillarse para la consagración deben hacer una inclinación profunda mientras el sacerdote hace la genuflexión después de la consagración. Los fieles se arrodillan después del *Cordero de Dios* a no ser que el Obispo diocesano determine otra postura.**

—*Institución general del Misal Romano*, 43

En cuanto al "cómo" enseñar música nueva a una asamblea, la mejor manera puede ser simplemente "por líneas"; el guía canta una frase o línea de la música e invita a la asamblea a repetirla cantando. Una pieza bastante simple se puede enseñar con el estribillo de una vez, pero uno debe tener cuidado de medir el aprendizaje de la asamblea, así como su capacidad de atención; demasiadas repeticiones de una pieza compleja pueden causar frustración y hasta desinterés. Como siempre, lea bien a su congregación. Sea acogedor y aliente a la asamblea con palabras positivas y expresiones faciales.

Para que un cantor le enseñe a la asamblea un nuevo canto, primero deberá conocerlo muy bien y estar muy seguro de la música. De otra manera, le dificultará a la asamblea su aprendizaje y la desanimará.

## 7. Estoy haciendo todo lo que debo hacer. Mis gestos son claros, me siento seguro con la música, mantengo un vínculo emocional con lo que canto y realmente intento sintonizar con la comunidad, pero algunas veces (¡o casi todas!) no participan. ¿Qué estoy haciendo mal?

Nunca debemos dejar de examinarnos, ni suponer que no podemos hacer nada más para que nuestro ministerio sea más eficaz; por supuesto son *muchos* los factores que determinan que una asamblea pueda unirse al canto de la liturgia.

Una asamblea apática y con poco entusiasmo quizás requiera hasta de unos cinco años de ánimo sistemático y constante en *todas* las liturgias antes de llegar a convertirse en una congregación entusiasta y vigorosa. Además, es casi inevitable que, incluso con un buen liderazgo, el proceso tenga altibajos. Parroquias que suelen cantar con ánimo, resulta que algunos días no cantan como esperábamos porque hace un tiempo terrible, o la escuela parroquial y los programas de educación religiosa tienen un fin de semana de tres días, o el párroco está resfriado. Hay muchas cosas que pueden producir un efecto negativo en el canto un día determinado. Siempre recuerde que la liturgia parroquial consiste en más de una hora por semana, porque es un proceso continuo que, en última instancia, tiene que ver con las relaciones, con nuestra relación de los unos con los otros y con Dios, a quien alabamos semana por semana.

## 8. ¿Qué debo cambiar en las bodas y misas de funeral, cuando soy cantor?

En teoría, a excepción de la música de los momentos específicos del rito de estas liturgias especiales, usted no tiene que hacer nada distinto. En la práctica, sin embargo, estas liturgias suelen estar demasiado cargadas de un tono social y familiar y de expectativas que nos exigen ser más sensibles que de costumbre, y cumplir distintos papeles.

El cantor actúa en las liturgias, sean en la iglesia u otros sitios.

En las bodas, la expectativa social suele ser que quien canta sea un solista que brinda música hermosa y pertinente para amenizar y enriquecer ese evento específico de la vida. En las exequias, las familias no suelen estar en una situación emocional y espiritual propicia para cantar, especialmente si la liturgia cantada no ha sido una parte central de sus experiencias anteriores en la Iglesia. Estos dos tipos de liturgia pueden muchas veces servir a grupos de personas que no suelen asistir regularmente a la iglesia o que provienen de distintas parroquias, o de distintas partes del país o hasta del mundo y que tal vez no tienen formación para una "participación plena, consciente y activa".

Por otro lado, las exequias y las bodas son momentos claves en la vida de la gente y, al menos en este momento tan cargado emocionalmente, acercan a la Iglesia incluso a quienes han estado alejados. ¡No debemos perder esta oportunidad de hacerles sentir acogidos y de catequizarlos! Usted nunca abandone sus aptitudes para dirigir el canto parapetándose en que la gente nunca canta en las bodas. Tampoco sea demasiado insistente; siga animándoles a cantar. ¡Algunos grupos lo sorprenderán!

Además de servir en bodas y exequias, es posible que deba fungir como cantor en otros ritos sacramentales (como el bautismo y la confirmación), la Liturgia de las Horas, bendiciones diversas, oficios devocionales (especialmente la Exposición eucarística y la bendición con el Santísimo) y otros ejercicios piadosos. Aunque estos ritos se pueden asemejar a partes de la misa (especialmente la Liturgia de la Palabra), ciertos elementos son diferentes. Siempre que usted vaya a participar en algo nuevo o que no conoce a fondo, reúnase antes con su director o ministro de música para repasar el rito a fondo; de esta manera sabrá exactamente qué esperar y no se encontrará desconcertado durante la liturgia.

# Recursos

## Documentos de la Iglesia

*Constitución sobre la sagrada liturgia* (*Sacrosanctum concilium*, SC).

Primera de las cuatro constituciones surgidas del Concilio Vaticano II (1963). Promueve la celebración de los ritos litúrgicos en lengua vernácula, pide la participación plena, consciente y activa de la asamblea, así como de la inculturación de la liturgia, la implementación de la Liturgia de las Horas, y la revisión del año litúrgico, de la música y del arte sacros y de todos los ritos litúrgicos. Disponible en *Los documentos litúrgicos: Un recurso pastoral*, Liturgy Training Publications, 1997.

*Institución general del Misal Romano* (IGMR) publicada en el *Misal Romano*, tercera edición (2018).

Detalla cómo se debe celebrar la liturgia eucarística. Todo ministro litúrgico, los cantores incluidos, se beneficiará mucho conociendo y reflexionando sobre la estructura de la misa y las diversas funciones de los participantes.

*Musicam sacram.*

Instrucción promulgada por la Sagrada Congregación de los Ritos (Vaticano) en 1967, trata de la música en el culto católico, desde la visión de *Sacrosanctum concilium*.

*Cantemos al Señor: La música en el culto divino.*

Guía práctica de la Conferencia de los Obispos Católicos de los Estados Unidos (2007, 2012) sobre la música litúrgica, estipula los principios para su selección y aborda tópicos relativos a los ritos de la Iglesia.

*Praenotanda rituales.*

Cada ritual publicado oficialmente incluye una introducción que ofrece los fundamentos teológicos y las explicaciones de los ritos en cuestión, con sus normas, rúbricas e instrucciones específicas.

## Materiales pastorales litúrgicos

Recogemos aquí algunas referencias en inglés, dado que muchos cantores hispanoparlantes también sirven en comunidades de habla inglesa. Cada cantor y músico liturgista deberá acrecentar su propia colección de materiales ya que ningún libro puede contener todo lo que uno necesita o desea para el mejor desempeño de sus funciones. Los dos libros de cantos más usados en las comunidades hispanas son *Flor y Canto* y *Cantos del Pueblo de Dios*. La Internet ha ampliado los repertorios parroquiales y muchos sitios permiten escuchar la música antes de comprarla.

AA.VV. *La voz del canto litúrgico*. Barcelona: CPL, 2003.

Destaca la labor para ayudar a los fieles a participar con el canto en la liturgia, y recomienda examinar la situación actual para hacer progresar en este renglón.

Aldazábal Larrañaga, J. *Canto y música*. Barcelona: CPL, 1999.

Ofrece el sentido de la música en la celebración, sus "actores" (asamblea, schola, director, etc.), así como las características de cada canto de la misa, de la Liturgia de las Horas y su programación.

Connolly, Michael. *The Parish Cantor: Helping Catholics Pray in Song*. Chicago: GIA Publications, 1991.

Este volumen cubre los aspectos principales del ministerio del cantor. A pesar de su edad, este libro mantiene su vigencia.

Eustis, Lynn. *The Singer's Ego: Finding Balance Between Music and Life*. Chicago: GIA Publications, Inc., 2005.

Su autor es cantor y maestro de voz. Este libro es como una memoria personal de sus propias vivencias y aborda muchos puntos de interés para los cantores.

Gökçe, Diana Kodner. *Why Do We Sing: A Musical Guide for Catholics*. Chicago: GIA Publications, 2020.

Es una guía elemental para los nuevos en este ministerio, pero útil también para la asamblea, pues toca los aspectos fundamentales de la música en la liturgia.

Hanson, Jim, Melanie Coddington, y Joe Simmons. *Cantor Basics, Revised Edition*. Portland, OR: OCP, 2003.

Un verdadero clásico que ofrece información litúrgica, estrategias de reclutamiento, habilidades técnicas y tópicos espirituales para los cantores.

Jordan, James. *The Musician's Soul Trilogy*. Chicago: GIA Publications, 1999, 2002, 2006.

Cada volumen de esta trilogía es como un retiro, digno de leer y releer; salpicado de citas de músicos y las propias reflexiones del Dr. Jordan sobre la música, resulta de amena lectura. Los volúmenes son:

- *The Musician's Soul: A Journey Examining Spirituality for Performers, Teachers, Composers, Conductors, and Music Educators* (1999)
- *The Musician's Spirit: Connecting to Others through Story* (2002)
- *The Musician's Walk: An Ethical Labyrinth* (2006)

Truitt, Gordon, ed. *Psalmist and Cantor: A Pastoral Music Resource*. Washington, DC: National Pastoral Musicians, 2005.

Aunque breve, los siete artículos contenidos abordan asuntos esenciales del ministerio del cantor, como su papel de salmista, preservar la salud vocal, la animación de la asamblea, reclutamiento de jóvenes entre otros.

Truitt, Gordon, ed. *The Way We Worship: Pastoral Reflections on the General Instruction of the Roman Missal*. Washington, DC: National Pastoral Musicians, 2003.

Serie de artículos para una comprensión elemental de la *Institución general del Misal Romano*, que tratan de la catequesis litúrgica, música, normas litúrgicas y teología pastoral. Ofrece al ministro una introducción pedagógicamente bien lograda al misal de la Iglesia.

Vanni, Trish Sullivan, Paul Turner, and Joyce Donahue. *From Mass to Mission: Understanding the Mass and Its Significance for Our Christian Life.* Chicago: Liturgy Training Publications, 2016.

Es una serie de folletos para adultos, adolescentes y niños que procuran una comprensión básica de la misa e impulsan al discipulado. El de adultos está disponible en español.

## Materiales para desarrollo musical

Breedlove, Jennifer Kerr. *Sight-Sing a New Song*. World Library Publications, 2004 (en inglés).

Creado para uso en el salón de clases y para el estudio personal con un teclado, este método ofrece una introducción básica a la habilidad de leer a primera vista la notación musical, específicamente para los cantores voluntarios.

Conable, Barbara H., y Benjamin J. Conable. *What Every Musician Needs to Know about the Body*. Chicago: GIA Publications, Inc., 1998, 2000.

Este libro aplica el estudio de cómo nuestros conceptos sobre nuestros cuerpos afectan nuestra experiencia y movimiento, junto con el método para mejorar la libertad y la facilidad de movimiento y coordinación física.

Jankowski, Bridget. *Body Mapping for Music Ministers*. Chicago: GIA Publications, Inc, 2016.

Es una introducción excelente y fácilmente comprensible al "mapeo corporal", que enfoca el uso saludable y eficiente de los sistemas esqueléticos y musculares humanos. Este libro se basa en ilustraciones, diagramas y cuadros para dar una explicación clara y comprensible del funcionamiento de todo el cuerpo y cómo esta comprensión puede profundizar nuestra habilidad como ministros.

Ferris, William. *The Care and Feeding of Singers: A Handbook of Choral Vocalises*. World Library Publications, 1993 (en inglés).

Una colección de ejercicios vocales con el propósito de desarrollar buenas técnicas vocales para cantores y también para cultivar habilidades para escuchar y entonar dentro de un grupo más grande.

## Materiales para la oración

Hommerding, Alan J. *Blessed Are the Music-Makers*. World Library Publications, 2004 (en inglés).

Distinto a otras colecciones de oraciones para ministros de la música, este libro ofrece ejercicios de oración breves, relevantes, fáciles de usar y con música inspiradora, apropiados para comenzar y terminar las reuniones.

*Palabra de Dios*. Chicago: Liturgy Training Publications.

Esta publicación anual es escrita originalmente en español para las comunidades de habla hispana de los Estados Unidos de América e incluye las lecturas dominicales que se encuentran en el leccionario mexicano, una reflexión sobre una de las lecturas para el estudio o el diálogo y preguntas que guían e inspiran a los lectores. Cada semana, el segmento titulado "Viviendo nuestra fe" ofrece sugerencias para la vida diaria. También encontrarás referencias para las lecturas de la semana y las solemnidades especiales, junto con oraciones sencillas para la mañana, la tarde y la noche.

Puigdollers, Rudolf. *Rezar con los salmos*. Barcelona: CPL, 2005.

Para aprender a rezar como Jesús, junto con toda la Iglesia. Los fragmentos de los salmos que Jesús apreciaba con sus palabras y una oración de acción de gracias.

## Organizaciones de músicos

National Association of Pastoral Musicians (NPM)
962 Wayne Avenue, Suite 550, Silver Spring, MD 20910-4461
www.npm.org.

American Guild of Organists
475 Riverside Drive, Suite 1260, New York, NY 10115
www.agohq.org.

## Editoriales de música sacra en español

GIA Music, Inc.
7404 South Mason Avenue, Chicago, IL 60638
www.giamusic.com

The Liturgical Press
Saint John's Abbey
PO Box 7500, Collegeville, MN 56321-7500
www.litpress.org

Obra Nacional de la Buena Prensa
Representada en los Estados Unidos de América por The Liturgical Press
www.tienda.buenaprensa.com
Teléfono 5546-4500

Oregon Catholic Press
5536 NE Hassalo, Portland, OR 97213-3638
www.ocp.org

World Library Publications
J. S. Paluch Company, Inc.
3708 River Rd. Suite 400, Franklin Park, IL 60131
www.wlpmusic.com

# Glosario

**Aclamación** (*Acclamation*)**:** Expresión litúrgica breve y jubilosa, como "Amén" o "Demos gracias a Dios".

**Aclamación al Evangelio** (*Gospel Acclamation*)**:** Alabanza jubilosa del pueblo de Dios reunido que se dispone a escuchar a su Señor en el evangelio que se proclama; usualmente es un triple aleluya (pero en la Cuaresma se alaba con otras formas) que todos entonan, seguido de un verso (frecuentemente de las Escrituras) que un cantor guía o el coro, al que todos responden con el estribillo. Cabe usar varios versículos para cubrir la acción de un Procesión del evangelio.

**Aclamación al memorial** (*Memorial Acclamation*)**:** Alabanza pronunciada por la asamblea tras las palabras de la narración de la institución y la consagración eucarísticas; suele invitársele al presentarle lo acontecido con éstas o similares palabras, "Este es el Sacramento de nuestra fe". En cualquiera de sus tres opciones, la aclamación refiere al misterio pascual y a la segunda venida de Cristo.

**Aclamación del prefacio** (*Preface Acclamation*)**:** Otro nombre del trisagio o "Santo", parte de la Plegaria eucarística; comienza con las palabras, "Santo, Santo, Santo, es el Señor Dios de los ejércitos".

**Aclamación que precede la lectura del Evangelio** (*Verse before the Gospel*)**:** Alabanza entonada o recitada antes de la lectura del Evangelio, a la que alterna un verso del evangelio. Suele ser el Aleluya, pero no durante la Cuaresma que adopta otras formulaciones.

***Agnus Dei*:** Forma en latín para "Cordero de Dios". Es la invocación litánica cantada o recitada durante la Fracción del pan.

**Aleluya:** Forma hebrea para "Alaben al Señor"; aclamación de alabanza. Frecuente en los salmos del Antiguo Testamento. En la liturgia católica romana se usa especialmente durante el tiempo de Pascua y se omite durante la Cuaresma. En la misa se canta antes de la proclamación del evangelio.

**Antífona** (*Antiphon*)**:** Refrán corto, tomado habitualmente del verso de un salmo, y suele usarse como respuesta repetitiva de la congregación a un salmo. En la misa, hay una antífona de entrada sugerida y una antífona de Comunión; la respuesta del salmo responsorial es también una antífona. En la Liturgia de las Horas, se cantan o recitan antífonas al comienzo y al final de los salmos y cánticos.

**Antífona de la Comunión** (*Communion Antiphon*)**:** Verso de la Sagrada Escritura provisto en el ***Misal Romano*** que puede cantarse o recitarse durante la recepción de la Comunión. Originalmente, la antífona era el estribillo de un salmo que se cantaba durante Comunión y sigue siendo una opción en el Misal actual.

**Antífona de entrada** (*Entrance Antiphon*)**:** Verso casi siempre tomado de la Sagrada Escritura que es cantado o recitado al comienzo de la misa, generalmente durante la procesión de entrada. También conocido como ***introito***. La antífona de entrada se provee en el ***Misal Romano***. Originalmente, la antífona comenzaba y concluía un salmo que era cantado durante la entrada, y es todavía una opción en el Misal actual.

**Antifonal** (*Antiphonal*)**:** Forma de rezar los salmos en el que dos coros (grupos) alternativamente cantan o recitan los versos. Originalmente, el término se refería al canto de una breve antífona del coro mientras los versos eran cantados por uno o más solistas. La disposición antifonal es un arreglo en el que los lugares de la asamblea se acomodan en dos grupos que se miran el uno al otro a lo largo de un pasillo central.

**Canto de entrada** (*Entrance Chant*)**:** Otro nombre para la antífona de entrada o canción de apertura.

**Cántico** (*Canticle*)**:** Himno, particularmente uno tomado de las Sagradas Escrituras, aunque no de los salmos. Para Laudes, la segunda selección durante la salmodia es un cántico tomado del Antiguo Testamento, y para Vísperas, la tercera selección de la salmodia es un cántico tomado de algún libro del Nuevo Testamento. Cánticos evangélicos son el de Zacarías, el de María y el de Simeón, típicos de Laudes, Vísperas y Completas, respectivamente.

**Cántico evangélico** (*Gospel Canticle*)**:** Himno que se entona o se recita después de la lectura y su responsorio en Laudes, Vísperas y Completas. Para Laudes, el designado es el cántico de Zacarías; el de María para Vísperas, y el de Simeón para Completas. Para su recitación, los participantes se ponen de pie y se signan, con la misma reverencia que a la proclamación del evangelio en misa.

**Cantor** (*Cantor*)**:** Ministro litúrgico que guía el canto de la asamblea en una liturgia. El cantor también puede cantar solo, como en los versos del salmo responsorial.

**Canto o Plainchant** (*Chant*)**:** Galicismo, literalmente "canto llano". Texto integral de la liturgia notado para ser cantado, sobre una línea y de ritmo libre, asociado al estilo gregoriano. El término también se refiere al canto real de dichos textos.

**Canto de ofertorio** (*Offertory Song*)**:** El canto que se produce en la preparación de los regalos sigue siendo referido como el canto ofertorio.

**Canto gregoriano** (*Gregorian Chant*)**:** Forma de canto que no emplea ninguna armonía, llamada así por el papa Gregorio Magno. Esta forma ha sido utilizada durante siglos en la celebración de misa en la Iglesia romana.

**Canto notado** (*Chant Notation*): Precursor de nuestra notación musical contemporánea. Al canto notado, también se le llama notación "neume" o "neumática", tenía cuatro líneas de pentagrama en lugar de cinco; el tamaño de la forma cuadrada de las cabezas de las notas (llamadas "neumes") indicaba la relativa longitud de la nota.

**Coro** (*Choir*): Grupo de personas que cantan durante los ritos litúrgicos de la Iglesia. El coro apoya el canto de la asamblea y no debe dominar ni reemplazar la voz congregacional. Como todos los ministros litúrgicos, el coro ha de facilitar la participación plena, consciente y activa de todos los fieles. Coro también puede designar una capilla separada donde los asientos (puestos del coro) están dispuestos de modo que la mitad de la asamblea queda frente a la otra mitad, especialmente donde la asamblea reza la Liturgia de las Horas "a coro".

**Doxología** (*Doxology*): Himno u oración de alabanza a Dios. Al Gloria recitado o cantado en la misa, se le llama la "Gran doxología", y la alabanza "Gloria al Padre, y al Hijo, y al Espíritu Santo", usada en el Rosario y en la Liturgia de las Horas, se le llama "Doxología menor". Las terminaciones de ciertas oraciones también suelen llamarse doxologías si mencionan "alabanza" o "gloria", como la conclusión de la Plegaria eucarística ("Por Cristo, con él y en él…"), y la Oración del Señor en la misa ("Porque tuyo es el reino, el poder y la gloria, por los siglos de los siglos").

**Estrofa** (*Strophe*): Línea de texto o verso de una pieza compuesta. Sirve para designar comúnmente piezas musicales sin repeticiones establecidas o estribillos. En la liturgia, esta forma es la aclamación eucarística, y a veces la Gloria.

***Exsultet***: Solemne proclamación cantada de la resurrección de Cristo que se entona en la Vigilia Pascual tras la procesión con el cirio pascual encendido. Idealmente ha de ser cantado por un diácono, aunque también puede hacerlo el sacerdote celebrante, un concelebrante o un cantor laico. ***Exsultet*** toma su nombre de la primera palabra del texto latino, "alégrense", cuya autoría es desconocida, aunque la tradición atribuye este gran poema de alabanza a san Ambrosio o san Agustín.

**Forma del canto** (*Song Form*): Arreglo musical en el que los versos (con melodía idéntica, pero texto diferente) de la música alternan con un estribillo que se repite (melodía y texto idénticos). Abundan los ejemplos como en "Juntos como hermanos", "Alegre la mañana" o "Entre tus manos".

***Gloria***: Cántico de alabanza, que inicia con las palabras "Gloria a Dios en el cielo", y que se entona en días prescritos como parte de los ritos iniciales de la misa. Se basa en el himno de los ángeles en el nacimiento de Cristo (ver Lucas 2:14).

**Gradual:** Nombre que se le da al salmo cantado o proclamado después de la primera lectura en la misa.

***Graduale Romanum***: Libro litúrgico que contiene el canto de la misa, con su notación musical. Tanto el Ordinario de la misa como los propios se hallan en este libro.

***Graduale Simplex*:** Libro litúrgico que contiene los cantos más simples, en lugar de las melodías más complejas del *Graduale Romanum*.

**Himno** (Strophic Hymn)**:** Forma musical en la que la melodía de un verso es repetida varias veces con texto diferente para cada verso o "estrofa". Por ejemplo: "Pange lingua gloriosi", "Pescador de hombres" y muchos otros.

***Introito*:** La antífona de entrada de la misa. En el misal tridentino el introito completo consistía en la antífona, un verso del salmo, el Gloria al Padre y repetición de la antífona.

***Kyrie, Eleison*:** Frase griega de "Señor, ten piedad". Es una súplica litánica de tipo penitencial que se alterna con la frase "Christe eleison" ("Cristo, ten piedad").

**Letanía** (*Litany*)**:** Forma de oración en la que se da una respuesta estándar a una serie de invocaciones variables. En la misa, la Oración universal y el Agnus Dei tienen forma de letanías. El ***Kyrie*** parece ser la respuesta a una letanía que desapareció en algún lugar de la historia. En las ordenaciones, profesiones religiosas y bautizos, se reza la letanía de los santos.

**Liturgia** (*Liturgy*)**:** Forma oficial de culto público, de la palabra griega ***leitourgia***, "trabajo del pueblo". En las Iglesias orientales, a la misa se le llama Liturgia Divina. Con frecuencia, el nombre se usa con un modificador, como como en Liturgia de las Horas o Liturgia de la Eucaristía. A veces equivale a misa.

**Líder del canto** (*Leader of Song*)**:** Una de las funciones del cantor. El líder del canto es el principal responsable de fomentar la participación musical de la asamblea a través de su fuerza musical, gesto apropiado, expresión facial e invitación.

**Liturgia de la Eucaristía** (*Liturgy of the Eucharist*)**:** Segunda de las dos partes principales de la misa, junto con la Liturgia de la Palabra. Comienza después de la Oración universal y termina con la Oración después de la Comunión. Se estructura en torno a la cuádruple acción eucarística de "tomar, bendecir, romper, dar", representadas en la presentación y preparación de los dones, la Plegaria eucarística, la Fracción del pan y la Comunión.

**Liturgia de las Horas** (*Liturgy of the Hours*)**:** Oración diaria oficial de la Iglesia con la que santifica el tiempo, también llamada Oficio divino y recogida en el Breviario. Consiste en el rezo de las horas canónicas: Laudes, Intermedia (Tercia, Sexta y Nona), Vísperas, Completas y el Oficio de lectura. El rezo de las horas se integra con himnos, salmos, cánticos, lecturas bíblicas y patrísticas, intercesiones y oraciones.

**Liturgia de la Palabra** (*Liturgy of the Word*)**:** Primera de las dos partes principales de la misa, junto con la Liturgia de la Eucaristía. Inicia con los ritos iniciales y termina con la Oración universal. Los domingos y solemnidades, consiste en la primera lectura, generalmente del Antiguo Testamento; el salmo responsorial; la segunda lectura, de algún libro del Nuevo Testamento; aclamación antes del evangelio; lectura del evangelio; homilía, profesión de fe y Oración universal. Entre semana, solamente una lectura precede al Evangelio y no se prescribe la profesión de fe.

***Neume*:** Tipo de nota musical cuya cabeza cuadrada indica tono y duración para ser cantada.

**Música ritual o sacra** (*Ritual / Sacred Music*)**:** Pieza musical que forma parte integral de la liturgia católica romana; "será tanto más santa cuanto más íntimamente esté unida a la acción litúrgica, ya sea expresando con mayor delicadeza la oración o fomentando la unanimidad, ya sea enriqueciendo la mayor solemnidad los ritos sagrados".[1]

**Oración universal** (*Universal Prayer*)**:** Pieza compuesta por súplicas o peticiones pronunciadas durante la Liturgia de la Palabra, que sigue al Credo los domingos y solemnidades o a la homilía en las ferias. También se le conoce como Oración de los fieles o peticiones. Usualmente inicia con una invocación seguida por las solicitudes específicas, a las que se suma la asamblea; concluye con una oración que recapitula el conjunto.

**Ordinario** (*Ordinary*)**:** Textos en la liturgia que cambian semana a semana en función del calendario litúrgico. Estos incluyen las lecturas de las Escrituras; el salmo responsorial; las antífonas de entrada y comunión; y muchas de las oraciones presidenciales.

**Polifonía** (*Polyphony*)**:** Término que se refiere a dos o más cantantes (o grupos de cantantes) cantando partes individuales al mismo tiempo.

***Phos hilaron*:** Término griego (**Luz gozosa**) con el que se designa el canto principal de alabanza entonado durante la oración de la tarde en el Rito Bizantino. Es una alabanza a Dios, la luz del mundo, y generalmente se canta inmediatamente después de la entrada de Vísperas. Suele traducirse al inglés como "O Gladsome Light".

***Praenotanda*:** Palabra latina que designa los textos introductorios de un libro de ritos católicos oficiales. Tales libros suelen iniciar con una "Introducción general" en la que se proporcionan importantes fundamentos teológicos y explicaciones del ritual correspondiente, junto con normas, rúbricas y otras instrucciones.

**Preludio** (*Prelude*)**:** Pieza musical ejecutada antes del inicio propiamente dicho de un evento; en el caso de la misa, antes del canto de entrada. No forma parte del rito litúrgico.

1. SC, 112.

**Propio** (*Proper*)**:** Textos de la misa y de la Liturgia de las Horas que son particulares a un día específico. Los propios de la misa incluyen las antífonas de entrada y de Comunión, las lecturas, las oraciones y el prefacio. Suele distinguirse el propio del Ordinario y del común.

**Responsorial:** Tipo de canto, generalmente de un salmo, en el que un solista entona los versos mientras el coro o la asamblea, la respuesta, generalmente después de cada verso.

**Responsorio** (*Responsory*)**:** Breve pieza compuesta con versos, generalmente de los salmos, utilizados como respuesta a la lectura bíblica durante el rezo de la Liturgia de las Horas.

**Respuestas** (*Responses*)**:** Expresiones pronunciadas por la asamblea a las diversas oraciones, saludos y lecturas durante la liturgia.

**Rito de comunión** (*Communion Rite*)**:** Parte de la misa que comienza inmediatamente después del Amén de la Plegaria eucarística y termina con la Oración después de la Comunión; incluye la Oración del Señor, el signo de la paz, el Cordero de Dios y la Comunión y la oración subsiguiente.

**Rito de conclusión** (*Concluding Rites*)**:** Parte de la misa que sigue al Rito de Comunión. Consiste en breves anuncios, un saludo y bendición sacerdotal, despedida y beso del altar por parte del sacerdote. Si un rito adicional sigue a la misa, como la Última recomendación en un funeral o una procesión con el Santísimo Sacramento, es reemplazado por dicho rito. El término también puede referirse a los ritos que concluyen cualquier liturgia.

**Ritos iniciales** (*Introductory Rites*)**:** Palabras y gestos del comienzo de la misa u otra liturgia. Los ritos iniciales en la misa generalmente consisten en la procesión de entrada, el signo de la cruz, el saludo, el acto penitencial, o el rito de asperjar, el Gloria cuando se prescribe, y la Oración colecta.

**Salmista** (*Psalmist*)**:** Ministro litúrgico que dirige el canto del salmo responsorial en la misa. A veces su papel se combina con el del cantor.

**Salmo responsorial** (*Responsorial Psalm*)**:** Salmo que se canta o se recita después de la primera lectura en una liturgia También llamado gradual. Normalmente se ejecuta con un salmista cantando el texto del salmo y la asamblea respondiendo con un verso tomado del mismo salmo.

**Salmo responsorial estacional** (*Seasonal Responsorial Psalm*)**:** Dícese del salmo designado para la temporada litúrgica específica. El leccionario provee ciertos salmos para reemplazar los salmos "propios" semanales, para las parroquias para quienes aprender todo el ciclo de la salmodia sería demasiado difícil.

**Salmodia** (*Psalmody*)**:** Sección dentro del rezo de la Liturgia de las Horas que contiene los salmos a entonar o recitar. Para algunas horas, la salmodia comprende únicamente salmos, para otras incluye un cántico.

**Salterio** (*Psalter*): El libro bíblico de los Salmos, pero también el cuerpo de salmos usados en la Liturgia de las Horas. También el instrumento musical de cuerda que acompaña el canto.

**Secuencia** (*Sequence*): Composición de estilo poético entonada antes de la aclamación del Evangelio en ciertos días. Se prescriben las secuencias del Domingo de Pascua y Pentecostés, y son opcionales en la solemnidad del Santísimo Cuerpo y Sangre del Señor y en la memoria de Nuestra Señora de los Dolores.

**Tono de salmo** (*Psalm Tone*): Una fórmula melódica simple utilizada para cantar los versos de los salmos.

**Triple criterio** (*Three Judgments*): Designación del proceso establecido en ***Cantemos al Señor: La música en el culto divino*** para evaluar la idoneidad de una determinada pieza musical para la liturgia. El primer criterio, el litúrgico, determina si la música contribuye a la acción litúrgica, es decir, si transmite el sentido propio de la liturgia. El segundo, el criterio pastoral, pregunta si la selección promueve participación activa de la asamblea reunida para celebrar el misterio, y si es adecuado a la edad, cultura, idioma, etc., de la asamblea. Finalmente, el criterio musical determina si es una composición técnica y estéticamente conlleva el peso del misterio.

**Tropo** (*Trope*): Frase o fórmula breve que se agrega a un título o una invocación. Por ejemplo, en la tercera forma del acto penitencial, en la invocación, "Tú que has sido enviado para sanar a los contritos de corazón, Señor, ten piedad", la invocación "Tú que has sido enviado para sanar a los contritos de corazón" es un tropo.

# *Oración del cantor*

¡Canten al Señor un canto nuevo!
¡Canta al Señor, tierra entera!

¡Canten al Señor, bendigan su nombre!
¡Anuncien su salvación todos los días!

¡Proclamen su gloria entre las naciones
sus maravillas, en todos los pueblos!

—Salmo 96:1–3